普通高等院校"十三五"规划教材

ERP 系统应用与实践
（基于金蝶 K3 平台）

主　编：杜益虹　施郁文

副主编：殷丽杰　夏玉明　邹雄光
　　　　陈慧蛟　胡一霆　王建平

参　编：池万乐　周胜芳　包欢乐　谷　豪

北京理工大学出版社
BEIJING INSTITUTE OF TECHNOLOGY PRESS

版权专有　侵权必究

图书在版编目（CIP）数据

ERP 系统应用与实践：基于金蝶 K3 平台/杜益虹，施郁文主编. —北京：北京理工大学出版社，2019.5（2019.6 重印）

ISBN 978-7-5682-7058-8

Ⅰ. ①E…　Ⅱ. ①杜…　②施…　Ⅲ. ①企业管理－计算机管理系统－高等学校－教材　Ⅳ. ①F270.7

中国版本图书馆 CIP 数据核字（2019）第 090496 号

出版发行 / 北京理工大学出版社有限责任公司	
社　　址 / 北京市海淀区中关村南大街 5 号	
邮　　编 / 100081	
电　　话 / （010）68914775（总编室）	
（010）82562903（教材售后服务热线）	
（010）68948351（其他图书服务热线）	
网　　址 / http://www.bitpress.com.cn	
经　　销 / 全国各地新华书店	
印　　刷 / 三河市天利华印刷装订有限公司	
开　　本 / 787 毫米 × 1092 毫米　1/16	
印　　张 / 15.5	责任编辑 / 王玲玲
字　　数 / 368 千字	文案编辑 / 王玲玲
版　　次 / 2019 年 5 月第 1 版　2019 年 6 月第 3 次印刷	责任校对 / 周瑞红
定　　价 / 40.00 元	责任印制 / 施胜娟

图书出现印装质量问题，请拨打售后服务热线，本社负责调换

前　言

以学生就业为导向，走产教融合的专业建设道路，以"训研打基础，个性发展求创新"的人才培养原则，按岗位职业要求设计课程教学内容，本教材选用目前国内企业应用最广的 ERP 软件产品——金蝶 ERP（K/3）系统作为实训平台，采用企业真实的应用案例作为教学和实训案例，真正做到采用真实的企业 ERP 软件运行真实的企业管理数据，完成企业真实的业务流程，适用于如下专业：软件与信息服务、电子商务、计算机网络技术、软件技术、财务管理、工商管理、物流管理、人力资源管理、信息管理与信息系统等。本教材的作者不但有高校从事 ERP 教学多年的教师，还有从事企业 ERP 系统应用与管理的技术专家、ERP 项目实施顾问等。

本教材具有以下特点：

（1）真实性：采用真实的 ERP 软件运行真实的企业数据，完成企业真实的业务流程，让学生在课堂中全面了解企业 ERP 系统的应用状况，所有的教学案例均来自企业的真实案例，由金蝶软件公司提供并参与了教学案例的设计。

（2）统一性：既弥补了 ERP 培训机构纯操作性培训而缺乏理论知识的学习，同时又弥补了一般高校 ERP 课程以理论教学为主的缺点，能做到理论教学与实践教学的紧密结合。

（3）连贯性：各个实验项目既即独立又连贯和统一，每个实验项目都代表一个企业的典型应用场景，如采购管理、销售管理、生产计划管理、生产任务管理、车间管理等，但各个实验项目又是一个完整的统一体，上一个实验项目的结果是下一个实验项目的开始，一环扣一环，所有的实验项目构成了企业完整的生产经营过程的信息化管理过程。

（4）综合性：在完成所有单项实验后，配以综合实践项目，从而有效综合相关技能，培养学生综合实践能力。

本教材内容编排合理，实训案例丰富，可操作性强，适合作为高职院校和培训机构相关专业的教材，也可作为企业相关从业人员的参考书。

本教材由温州职业技术学院、温州商学院等学校老师及金蝶软件公司技术人员共同编写完成，其中，第 1、2、6、7、12 章由杜益虹等编写，第 3～5 章由施郁文等编写，第 8、9 章由殷丽杰等编写，第 10 章由王建平等编写，第 11 章由池万乐等编写。

由于作者水平有限，教材中难免会出现疏漏或不妥之处，望广大读者不吝赐教。

编　者

目 录

第一篇 基础篇

第 1 章 ERP 概论 3
  1.1 背景知识 3
  1.2 实验一 账套的建立 33

第 2 章 基本概念 43
  2.1 背景知识 43
  2.2 实验二 基础数据录入 71
  2.3 实验三 系统初始化 82

第二篇 供应链管理篇

第 3 章 采购管理 89
  3.1 背景知识 89
  3.2 实验四 采购管理 94

第 4 章 销售管理 105
  4.1 背景知识 105
  4.2 实验五 销售管理 108

第 5 章 仓存管理和委外管理 118
  5.1 背景知识 118
  5.2 实验六 仓存管理 122
  5.3 实验七 委外加工和受托加工 127

第三篇 生产管理篇

第 6 章 生产计划管理 135
  6.1 背景知识 135
  6.2 实验八 生产计划管理 141

第 7 章 生产车间管理 150
  7.1 背景知识 150
  7.2 实验九 生产任务管理 154
  7.3 实验十 车间作业管理 162

第四篇 财务管理篇

第 8 章 存货核算 171

8.1 背景知识	171
8.2 实验十一 存货核算	173

第9章 凭证管理 ... 177

9.1 背景知识	177
9.2 实验十二 凭证管理	180

第10章 应收应付款管理 ... 196

10.1 背景知识	196
10.2 实验十三 应付款管理	198
10.3 实验十四 应收款管理	210

第11章 期末管理 ... 221

11.1 背景知识	221
11.2 实验十五 期末管理	222

第五篇 综合篇

第12章 综合应用实训 ... 233

12.1 实验十六 综合实训一	233
12.2 实验十七 综合实训二	234
12.3 实验十八 综合实训三	234
12.4 实验十九 综合实训四	235
12.5 实验二十 综合实训五	236

第一篇　基础篇

第 1 章

ERP 概论

1.1 背景知识

ERP 是一个内涵和外延都相当丰富的概念，蕴含着众多的管理思想和信息技术应用成果，是当今世界企业经营与管理技术进步的代表，是有史以来最复杂的信息系统。ERP 是企业资源计划（Enterprise Resource Planning）的英文缩写，其概念是由美国著名计算机技术咨询和评估集团 Gartner Group 公司于 1990 年年初作为新一代制造资源计划（Manufacturing Re-sources Planning，MRPII）的下一代而提出的，其内涵是"打破企业的四壁，把信息集成的范围扩大到企业的上下游，管理整个供需链，实现供需链制造"。

1.1.1 ERP 的提出

1990 年 4 月 12 日，由 Gartner Group 公司发表了以《ERP：下一代 MRP II 的远景设想》（ERP：A Vision of the Next-Generation MRP II）为题，由 L. Wylie 署名的研究报告。此报告第一次明确提出了 ERP 概念："ERP 基于客户机/服务器架构，使用图形用户接口，应用开放系统开发。除了 MRP II 已有的标准功能，它还包括其他特性，如质量管理、过程运作管理及报告管理等。特别是，ERP 采用的技术将同时给用户提供软件和硬件两方面的独立性，从而更加容易升级。ERP 的关键在于所有用户能够裁减其应用，因而具有天然的独立性。"这份研究报告虽然只有两页纸，但却是一份记载着非常具有前瞻性的精辟设想。

之后，Gartner Group 公司又陆续发表了一系列的分析和研究报告。例如，J. Borelli 署名的《ERP 的功能性》（ERP Functionality）、E. Keller 署名的《实现 MRP II 到 ERP 的跨越》（Making the Jump from MRP II to ERP）及多次对各软件商 ERP 产品的技术与功能的分析评价报告等。值得注意的一点是，所有这些研究报告都归类于"计算机集成制造（CIM）"，说明 ERP 本来是一种用于制造业的信息化管理系统。

1993 年，ERP 的概念已经比较成熟，也变得更加现实。Gartner Group 公司以《ERP：远景设想的定量化》（ERP：Quantifying the Vision）为题发表的会议报告用了 26 页的篇幅比较详尽地阐述了 ERP 的理念和对未来三五年内可能实现的估计，深刻阐明了 ERP 的实质和定义，是 ERP 发展史上一篇极其重要和具有较高分析水平的文献。

在功能方面，Gartner Group 公司除了提出 ERP 要能适应离散、流程和分销配送等不同生产条件，采用图解方法处理和分析各种经营生产问题外，还提出了内外信息集成的概念。

① 内部集成（Internal Integration）：实现产品研发、核心业务和数据采集的集成。

②外部集成（External Integration）：实现企业与供需链上所有合作伙伴的集成。

内外信息集成的目的是实现设计、管理、监控、优化整个供需链和合作竞争、同步工程、协同商务。换句话说，ERP 是一种企业内部所有业务部门之间及企业同外部合作伙伴之间交换和分享信息的系统；是集成供需链管理的工具、技术和应用系统；是管理决策和供需链流程优化不可缺少的手段；是实现竞争优势的同义语。因此，内部集成和外部集成是 ERP 概念的核心。

1.1.2 ERP 的含义

对 ERP 概念的理解随着信息技术和管理理论的发展而逐步深入，不同的人给予了 ERP 不同的含义，常见的看法不外乎如下几种：

①ERP 是软件包。
②ERP 是先进管理理念。
③ERP 是管理信息系统。
④ERP 是面向客户的制造管理系统。
⑤ERP 是决策和运营的管理平台。
⑥ERP 是提升企业竞争力的重要工具。
⑦ERP 是对企业资源全面优化的管理手段。
⑧ERP 是应用信息技术对企业资源实现一体化管理。

上述不同观点都从不同侧面反映了 ERP 概念的内涵。因此，ERP 从本质上讲，就是对企业资源的计划和优化过程。对 ERP 的理解，不仅要从 ERP 软件包角度理解，还要意识到 ERP 是一个企业的管理信息系统，其应用是解决企业发展过程中面临的问题。基于以上认识，本书对 ERP 的复杂概念给出其概念层次图（见图 1-1），从而遵循信息系统的认知规律，从各个角度理解和认识 ERP。对应于图 1-1，管理界、企业界、信息界对 ERP 有着各自特定的内涵和外延，下面分别从管理思想、管理系统、软件产品 3 个层面给出 ERP 的含义。

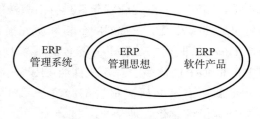

图 1-1 ERP 概念层次图

1. ERP 是先进的管理思想

Gartner Group 公司认为 ERP 是 MRP Ⅱ 的下一代，其内涵是"打破企业的四壁，把信息集成的范围扩大到企业的上下游，管理整个供需链，实现供需链制造"。从这个意义上讲，ERP 的实质是在 MRP Ⅱ 基础上进一步发展而成的、面向供需链的管理思想。ERP 是一种先进管理思想的计算机实现，蕴含了目前管理界很多先进的管理理念和管理方法。

2. ERP 是企业管理系统

ERP 是建立在信息技术基础上，整合了企业管理理念、业务流程、基础数据、人力物力、计算机硬件和软件的企业资源管理系统，从而实现对企业物流、资金流、信息流的一体化管理。从管理系统的角度看，ERP 具有如下特征：

①ERP 是一种集企业管理和信息管理技术为一体的企业管理系统，能够全面记录企业经营活动中各种业务流程，及时向管理者提供有效的决策支持。

②ERP 系统是一种功能非常全面的软件包解决方案，通过共享的信息和数据流整合企业流程。它将企业内的所有部门和功能整合在一个单一的计算机系统中，并满足各部门的特定需求。

③作为企业资源管理系统的 ERP，其"企业资源"是指支持企业业务运作和战略运作的事物，也就是常说的"人""财""物"及企业管理、信誉、融资能力、组织结构、员工的劳动热情等软性资源。ERP 依靠 IT 技术和手段有效组织、计划和实施企业的资源管理，以保证其信息的集成性、实时性和统一性。其基本思想是将企业的业务流程看成一个紧密联结的供需链，将企业内部划分成几个相互协同作业的支持子系统，如财务、市场营销、生产制造、质量控制、服务维护、工程技术等。

④ERP 作为高度集成的企业资源管理系统，它必然体现物流信息与资金流信息的集成。传统的 MRPⅡ系统主要包括制造、供销和财务三大部分，依然是 ERP 系统不可或缺的重要组成。随着人们对信息技术和管理系统认识的逐渐提升，企业进行变革的主旋律逐渐转向对信息流、资金流、物流的整合。可以说，现代企业管理在外观上追求利润，内涵则是追求企业资源的合理、高效利用。这种对资源合理、高效的利用主要表现在对业务流程的整合和信息的集成。

3. ERP 是管理软件

ERP 是综合应用客户机/服务器体系、关系数据库技术、面向对象技术、图形用四代语言（4GL）、网络通信等信息产业成果，以 ERP 管理思想为灵魂的软件产品。从这个层面上讲，ERP 是承载先进管理思想的载体，是先进管理哲学、理论和方法的软件封装，是企业业务流和多维信息的高度集成，它使企业竞争有了新的含义。

作为管理软件的 ERP 虽然是一套计算机应用系统，但绝不是单纯的计算机技术。企业管理软件的目的是要在企业管理的各个环节应用信息技术，加快企业管理过程中信息的传递、加工和处理速度，使这些信息资源得到可靠的保存和有效的利用，及时为企业管理者提供决策的依据，促进企业管理水平的提高。离开管理基础的支撑，企业管理软件系统将毫无意义可言。同时，在当今信息高度密集的现代企业的经营运作过程中，企业管理如果离开企业管理软件的参与和支持，也是不可想象的。企业管理软件必须是计算机技术与企业管理思想相互融合的产物。

企业管理软件发展到今天，紧紧伴随企业管理思想理念的发展成熟而变化。不管称谓如何变化，万变不离其宗的是如何利用计算机技术将企业信息流、物流、资金流等各要素更好地进行科学合理的配置，这是管理软件的精髓所在。

综上所述，ERP 是指建立在信息技术基础上利用现代企业的先进管理思想，全面地集成了企业所有资源信息，为企业提供决策、计划、控制与经营业绩评估的全方位和系统化的管理平台。ERP 体现了当今世界上最先进的企业管理理论，并提供了企业信息化集成的最佳方案。今天，ERP 的概念外延变得更加广泛，几乎成了企业信息化的代名词。

1.1.3　ERP 的作用

1. ERP 带来的定量效益

根据创建于 1957 年的美国生产与库存管理协会（American Production and Inventory Control Society Inc，APICS）统计，使用 ERP 系统后，平均可以为企业带来如下的经济效益。

（1）库存量可下降 20%～40%

这是人们说得最多的效益。使用 ERP 系统后，由于有了正确的物料需求计划，企业可以在适当的时间、地点得到适当的物料，没有必要保持很高的库存。而库存量的降低，又加快了库存资金的周转，增强了资金的利用率，降低了库存管理费用，减少了库存损耗，从而大大降低了库存投资。

（2）采购提前期缩短 40%，物料采购成本降低 5% 以上

采购人员由于有了及时、准确的生产计划信息，就可以在正确的时间进行采购作业，缩短了物料入库和生产领料之间长期存在的时间跨度，节省的时间可供采购人员进行采购价格分析、货源选择，或研究谈判策略，从而进一步实现了采购费用的节约。

（3）停工待料现象减少 60%，生产周期缩短 20%

由于原材料和零部件的需求计划透明度提高，有助于生产过程中上、下道工序之间准确、及时衔接，以保证原材料和零部件能以更合理的速度准时到达，因此，生产中的停工待料现象大大减少，并进一步促进了生产周期的缩短。

（4）延期交货现象可减少 60% 左右

当库存减少并保持稳定的时候，客户服务水平就必然会得到提升，使用 ERP 系统的企业准时交货率平均提高 55%，误期率平均降低 35%，这就使得企业的信誉大大提高，从而使企业增加了销售机会。

（5）管理人员可减少 10%

由于实施 ERP 后，企业生产经营数据得到了共享，企业业务流程得到了优化，从而消除了管理工作中大量无效的劳动，企业内部机构臃肿现象可得到明显改善。

（6）企业生产率可提高 10% 以上

由于生产过程中的待料问题得到了控制，有效地减少了生产制造过程的停工现象，使一线生产人员的生产率得到提高。同时，产品质量得到了进一步的保证。

（7）新产品投放市场时间缩短 15%

应用 ERP 系统后，企业内部资源得以共享，工程技术部门可随时掌握产品的销售动向和顾客的需求变化，随时对顾客意见做出响应，从而大大加快了产品更新的步伐。同时，由

于产品生产周期的缩短和生产效率的提高,加快了产品投放市场的速度。

(8) 产品制造成本降低10%左右

由于控制了库存费用、劳动力成本、采购费用等因素,产品质量得到了控制,这样一系列人、财、物等因素产生的效应,必然会引起生产成本的下降。

2. ERP带来的定性效益

上述分析的是ERP系统的效益目标,大多是指定量效益,而ERP系统的管理目标,更多涉及的是ERP系统的定性效益。定量效益更多体现了一个企业的经营业绩,而定性效益更多反映的是企业的业务能力。

(1) 提高工程开发效率,促进新产品的开发

有不少实施过ERP企业的技术人员会讲:"ERP的应用不会对工程设计部门产生直接的效益,相反,还会增加工程技术人员的工作量。"这句话只讲对了一半。ERP应用成功与否,有一点是要看整理出的物料清单(Bill Of Material,BOM)的工作效率。模块化物料清单的应用,特别是对客户定制的产品,大大减少了工程技术部门维护物料清单的时间。所以,ERP的应用可以减轻工程技术人员的工作负担,提高其工作效率。如果企业在实施ERP的前期能够先行实施产品数据管理系统,那么工程技术人员的工作效率又将成倍提高,特别有助于新产品的开发。这在产品更新换代较快的企业更为适用。

(2) 可持续性地提高产品的质量

在ERP环境下,由于企业理顺了业务流程,企业员工可以在各自的岗位上井然有序地从事各自的工作,使企业的管理工作摆脱了混乱的局面,保证均衡生产的顺利进行,从而使一切能够按规范操作,企业的工作质量得到了提高,产品质量就能保持稳定与优良。

(3) 灵活运用企业资源,提高管理水平

厂房、生产线、加工设备、检测设备等都是企业的硬件资源,人力、管理、信誉、融资能力、组织结构等是企业的软件资源。这些资源相互作用,形成企业完成客户订单、创造社会财富、实现企业价值的基础。ERP系统的管理对象便是上述各种资源要素,通过ERP的使用,使企业能够根据客户订单及生产状况灵活地调配上述资源。如果不借助于ERP系统,则企业难以掌握现有资源状况,难以清楚调整方向,故要调整安排会显得相当困难。同时,由于企业的组织结构是金字塔式的,部门间的协作交流相对较弱,资源的运行更难以把握。

(4) 为决策提供依据,保证决策的合理性和科学性

ERP能够将经营规划、市场规划等高层管理计划分解转换成低层次的各类详细的计划,这些详细的计划分解落实到企业的每一位员工,这就保证了企业的运作在统一的计划指导下进行,同时,计划执行的上下贯通,又保证了上、下层之间可以互通信息,下层可将计划的执行情况及时反馈给上级主管,为上层决策提供准确的信息,为企业管理层提供经营和控制企业的有效工具。

(5) 提高员工素质,培养队伍

ERP系统的实施和应用,切实提高了企业的管理水平,同时也为企业培养了一支既懂

管理，又懂信息技术的复合型人才队伍。ERP 系统要能够正常地运转起来，离不开高素质的员工队伍，这就为全面提升员工素质提供了机会。许多跨国公司的成功经验告诉我们，企业得到发展，生产率得以提高，最主要的因素还在于人力资源的充分利用。

（6）提高企业的社会效益

企业实施 ERP 还可以带来一定的社会效益。目前，我国广大中小型企业实施 ERP 并应用好 ERP 的还不是很多，所以 ERP 项目的实施还可能会在某个地区、某个行业中起到一定的示范作用。

1.1.4 ERP 原理的解释

ERP 原理并不神秘，其实在我们的日常生活中就有许多经典的"ERP 原理故事"。以下故事发生在普通人家的日常生活中：

一天中午，丈夫在外给家里打电话："亲爱的老婆，晚上我想带几个同事回家吃饭，可以吗？"（订货意向）

妻子："当然可以，来几个人？几点来？想吃什么菜？"

丈夫："6 个人，我们 7 点左右回来，准备些酒、烤鸭、番茄炒蛋、凉菜……你看可以吗？"（商务沟通）

妻子："没问题，我会准备好的。"（订单确认）

妻子记录下需要做的菜单（MPS 计划），具体要准备的菜：鸭、酒、番茄、鸡蛋、油（BOM 物料清单），发现需要：1 只鸭、5 瓶酒、4 个番茄（BOM 展开），炒蛋需要 6 个鸡蛋、蛋花汤需要 4 个鸡蛋（共用物料）。

打开冰箱（库房）一看，只剩下 2 个鸡蛋。（缺料）

来到自由市场，妻子问："请问鸡蛋怎么卖？"（采购询价）

小贩："1 个 1 元，半打 5 元，1 打 9.5 元。"

妻子："我只需要 8 个，但这次买 1 打。"（经济批量采购）

妻子："这儿有一个坏的，换一个。"（验收、退料、换料）

回到家中，准备洗菜、切菜、炒菜……（工艺路线），厨房中有燃气灶、微波炉、电饭煲……（工作中心）。妻子发现拔鸭毛最费时间（瓶颈工序，关键工艺路线），用微波炉自己做烤鸭可能来不及（产能不足），于是决定在楼下的餐厅里买现成的（产品委外）。

下午 4 点，电话铃又响："妈妈，晚上几个同学想来家里吃饭，你帮忙准备一下。"（紧急订单）

"好的，儿子，你们想吃什么？爸爸晚上也有客人，你愿意和他们一起吃吗？"

"菜你看着办吧，但一定要有番茄炒鸡蛋。我们不和大人一起吃，6 点半左右回来。"（不能并单处理）

"好的，肯定让你们满意。"（订单确认）

鸡蛋又不够了，打电话叫小贩送来。（紧急采购）

一切准备就绪，可烤鸭还没送来，急忙打电话询问："我是李太太，怎么订的烤鸭还没送来？"（委外单跟催）

"不好意思，送货的人已经走了，可能是堵车吧，马上就会到的。"

门铃响了,"李太太,这是您订的烤鸭。请在单上签字。"(委外产品验收、入库、付款)

女儿的电话:"妈妈,我想现在带几个朋友回家吃饭,可以吗?"(又是紧急订购意向,要求现货)

"不行呀,女儿,今天妈妈已经需要准备两桌饭了,时间实在是来不及,真的非常抱歉,下次早点儿说,一定给你们准备好。"(生产能力限制,另外产品需要有一个提前期)

7点,客人到来,妻子端出准备好的菜肴。(按期交货)

送走了所有客人,疲惫的妻子坐在沙发上对丈夫说:"亲爱的,现在咱们家请客的频率非常高,应该要买些厨房用品了(设备采购),最好能再雇个小保姆。"(人力资源系统有缺口)。

丈夫:"家里你做主。需要什么你就去办吧。"(通过审核)

妻子:"还有,最近家里花销太大,用你的私房钱来补贴一下,好吗?"(最后就是应收款的催要)

现在还有人不理解ERP吗?记住,每一个合格的家庭主妇都是生产厂长的有力竞争者。

1.1.5 ERP的发展历程

ERP理论的发展始于20世纪60年代,到现在已经有近60年的历史了。在过去的60年里,ERP理论不断地发展、完善,主要经历了以下5个阶段:订货点方法、基本MRP阶段、闭环MRP阶段、MRPⅡ阶段和ERP形成阶段。本章主要介绍ERP实践和理论的发展历史,ERP各发展阶段理论产生的必要性,ERP理论的主要思想、内容、应用的特点和局限性。

1. 订货点方法(ROP)

订货点方法(Reorder Point, ROP)是一种使库存量不得低于安全库存的补充库存方法。其基本原理是,物料逐渐消耗,库存逐渐减少,当库存量降到某个数值,剩余库存量可供消耗的时间刚好等于订货所需要的时间(订货提前期)时,企业就要下达订单来补充库存,这个时刻的库存量称为订货点,即

$$订货点 = 订货提前期内消耗的库存量 + 安全库存量$$

订货点方法适用于消耗均衡的销售和生产环境。20世纪50年代,宏观经济还没有出现,企业的竞争优势主要在于控制产品的成本。库存成本是产品成本的重要组成部分,企业通过减少不可用库存来控制库存成本。在库存管理中,库存物料是随时间推移而被使用和消耗的。为满足生产的需要,企业需要不断地进货,使库存的数量不低于安全库存。同时,库存的积压会占用企业的大量流动资金,从而影响企业的资金运转效率。为了能在较低库存水平下保证企业正常运转,企业分别设置了最大库存量和安全库存量。最大库存量是根据企业的资金情况和库存容量制定的库存量。一旦需求或订货提前期发生变化,实际需求就有可能超过期望需求。因此,为了减少缺货风险,企业还应有额外库存量,即安全库存量。安全库存量(Safety Stock, SS)作为一种缓冲器,用来补偿在订货提前期内实际需求超过期望需求量或实际订货提前期超过期望订货提前期所产生的需求,是为了应付由于供需波动而发生的意外需求而设置的库存量。最大库存量和安全库存量是库存量变化的上下限。最大库存量和安全库存量的概念解决了订多少货的问题,但没有解决何时订货的问题。

由于物料的供应需要一定的时间（即供应周期，如物料的采购周期、加工周期等），因此不能等到物料的库存量消耗到安全库存量时才补充库存，而必须有一定的时间提前期，即由订货至到货的时间差。企业根据这一时段内可能产生的物料消耗量来确定再订货点，从而解决何时订货的问题。

在图1-2中，横坐标表示时间，纵坐标表示库存数量，斜线的斜率表示物料消耗的平均速度。库存量的上限是最大库存量，下限是安全库存量。库存物料随时间推移而被使用和消耗，当库存量达到订货点时，企业就向供应商发出订货请求。此后物料仍在消耗，库存量仍在减少，当产品消耗到安全库存量时，订购物料刚好到货入库，库存量再次达到最大库存量。

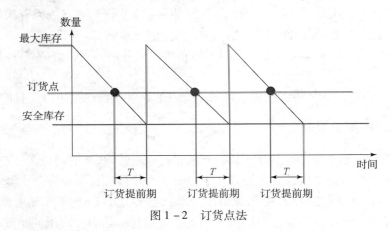

图1-2　订货点法

图1-2中订货点的位置是由物料消耗速率、订货提前期和安全库存决定的。它们的定量关系为：

$$ROP = LU + S$$

式中，L 为提前期；U 为物料消耗速率；S 为安全库存。

为使所订货物入库后，库存数量达到最大库存，订货批量应为最大库存量和安全库存量的差额，即

$$订货批量 = 最大库存量 - 安全库存量$$

图1-2所示的是理想化的理论模型，而在企业实际生产运营中则存在着需求的不确定性或订货至交货这段时间中的不确定因素。这些不确定因素会导致补充订货到来之前库存的短缺。为了减少这种风险，可以在订货至交货期间多备一些存货。投资成本、维持过多库存的成本和库存短缺成本之间应存在一个平衡。许多情况下，在补充订货到来之前，不是库存过量积压，就是库存短缺。

订货点法曾经引起人们的广泛争论，这个模型曾经被称为"科学的库存模型"，但是应用这一模型却需要几种假设：

①物料的消耗是相对稳定的。
②物料的供应是比较稳定的。
③物料的需求是相互独立的。
④提前期是已知的和固定的。

从企业的实际运作看来，订货点方法这一库存模型的几种假设是不容易成立的，这就引

发了对 MRP 的研究。

2. 物料需求计划（MRP）

20 世纪 60 年代中期，美国 IBM 公司的管理专家约瑟夫·奥利佛博士首先提出了独立需求和相关需求的概念，将企业内的物料分成独立需求物料和相关需求物料两种类型，并在此基础上总结出了一种新的管理理论：物料需求计划（Material Requirements Planning，MRP）理论，也称为基本 MRP。这种理论和方法与传统的库存理论和方法有着明显的不同，其最主要的特点是：在传统的基础上引入了时间分段和反映产品结构的物料清单（Bill Of Materials，BOM），从而较好地解决了库存管理和生产控制中的难题，即按时按量得到所需要的物料。

（1）独立需求和相关需求

针对企业和各生产环节的需求，由物料之间的相关性质，可将物料分为独立需求和相关需求两大类。

独立需求指某种与其他需求无关的需求，一般是由企业外部的或企业内部的偶然因素决定的需求。例如，对成品的需求，通常是企业以外的事情。因为客户的决策不能由企业控制，这类需求往往是不确定的，通常用预测的方法加以估计。

相关需求指某种与其他需求相关的需求，主要是在企业内部由于对一种产品或零部件的需求而产生的对下一级项目的需求。例如，下一个月需求的预测是 100 辆汽车（这是独立需求），公司管理部门就可能决定本月份生产 120 辆，因而就需要 120 个化油器、120 个转向盘、600 个轮胎等。对化油器、转向盘和车轮的需求，就是依靠公司决定制造 120 辆汽车而产生的独立需求，这类需求一般是确定的、成比例的，在对最终产品需求已知时，可根据产品的结构特点计算其数量。

（2）物料清单

物料清单（Bill of Materials，BOM）是制造业信息化管理必不可少的重要管理文件，被用于物料需求计划计算、库存管理等环节中，是 MRP 系统中重要的输入数据，也是制造部门组织生产的重要依据。它是确定相关需求的基础。

BOM 反映了产品的层次结构，即由所有零部件的结构关系和数量组成。根据 BOM 可以确定产品所有零部件的需要数量、需要时间及相互关系。BOM 从狭义上讲，就是产品的结构，即一件产品是由哪几部分组成的。从广义上讲，BOM = 产品结构 + 工艺流程。因此，产品的工艺流程不同，产品的物料清单就会不同。产品的结构千差万别，物料清单的复杂程度也就不尽相同。有的产品结构复杂，要由成千上万个零件组成，如汽车、轮船；有的产品就比较简单，如眼镜、圆珠笔等。

从图 1-3 中可以看出，任何产品都是由若干个"单层结构"组成的，由一个母件和从属于母件的一个或一个以上的子件组成。以图 1-3 所示的产品结构为例，X 作为最上层的母件是一个出厂产品，它由 A、B、C、D 这 4 个子件组成。X 同 A、B、C、D 组成一个"单层结构"，在 MRP 系统中称为"单层物料单"。图 1-3 中，B 对应于 X 来讲是子件，但它对应于 E、F 来讲又是母件，并一起组成第二个层次的单层结构。同理，E 同 G、H、I，D 同 I，又组成位于不同层次的单层结构。任何一个产品都是这样由许多个"单层结构"组成的。母件同子件的关系是唯一的,如果品种或数量不同,将视为有不同代码的单层结构。母件同子件之间的连线是工艺路线,单层结构上每一项物料代表的是已完工并可以入库的物料,而不是正在工序之间未成形的在制品。

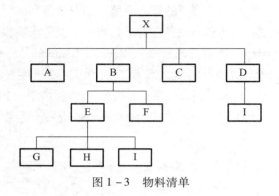

图1-3 物料清单

通过图1-3也能更好地理解独立需求和相关需求的概念。图中的顶层X是最终产品(是指生产的最终产品,但不一定是市场销售的最终产品)。位于图中底层没有下层分支的是采购件,即原材料,它是仓库需要定购的货物。介于最终产品和采购件之间的是中间件。最终产品是销售的产品,其需求是由市场或客户订货决定的,也就是说,是由企业外部的因素决定的,称为"独立需求"。而构成销售产品的各种零部件在产品结构中最顶层以下的各层物料,它们的需求是由销售产品的需求决定的,称为"相关需求"。有些物料具有双重性质,如某些零部件可以安装在产品上,也可以作为备品备件直接出售。可见,只要管理好独立需求(销售产品的需求),其余一切物料的需求计划都可以根据产品结构或物料清单按照MRP逻辑运算得出。

根据BOM不但可以确定产品所有零部件的需要数量,还可以确定它们的需要时间。这是因为产品构成的层次性,决定了产品在生产时,对物料的需求是有一定的时间顺序的。只有当每个单层物料清单中的子件生产、装配或定购入库后,母件才能进行生产。

(3) 物料需求计划理论

MRP是一种模拟技术,根据主生产计划、物料清单和库存余额,对每种物料进行计算,指出何时将会发生物料短缺,并给出建议,以最小库存量来满足需求且避免物料短缺。它将已有的最终产品的生产计划作为主要的信息来源,而不是根据过去的统计平均值来制订生产和库存计划。

以圆珠笔的生产为例说明。从图1-4中可以看出,产品的加工周期为21 s,即将加工路线中处于同一期间的加工时间中最长的一项相加得到的时间。所以产品的累计提前期为8 s+8 s+5 s=21 s,即将加工路线中处于同一期间的加工时间中最长的一项相加得到的时间。

由于产品各层次需求的时间不同,这就要求"在需要的时间,提供需要的数量"。在对产品几个层次安排生产时,应按照产品需求的日期和时间从最底层开始安排,得到相应物料的需求时间。因此,在制订物料需求计划时,需要考虑产品结构,得出各项相关物料的需求情况,对比物料的库存数量,得出各层次物料的实际需求量,提前订购,以保证生产的正常进行。图1-5所示为MRP的逻辑原理图。

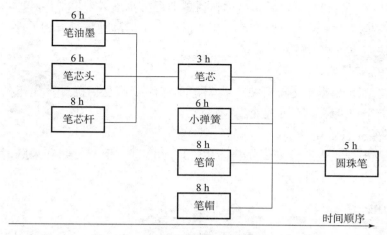

图 1-4 圆珠笔加工时间顺序

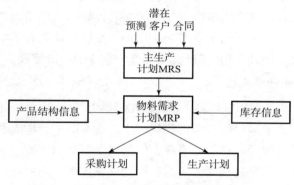

图 1-5 MRP 的逻辑原理图

MRP 的基本任务是:

1)从最终产品的生产计划(独立需求)导出相关物料(原材料、零部件等)的需求量和需求时间(相关需求)。

2)根据物料的需求时间和生产(订货)周期来确定其开始生产(订货)的时间。MRP 的基本内容是制订零件的生产计划和采购计划。然而,要正确制订这些计划,首先必须落实产品的生产进度计划,即主生产计划(Master Production Schedule,MPS),这是 MRP 展开的依据。其次,MRP 必须知道产品的零件结构,即物料清单,才能把主生产计划展开成零件计划。最后,还需知道库存数量,才能准确计算出零件的采购数量。因此,基本 MRP 的依据是:

①主生产计划(MPS)。
②物料清单(BOM)。
③库存信息(INV)。

(4) MRP 的特点

1)需求的相关性。

在流通企业中,各种需求往往是独立的,而在生产系统中,需求具有相关性。例如,根据订单确定了所需产品的数量之后,由物料清单即可推算出各种零部件和原材料的数量,这种根据逻辑关系推算出来的物料数量称为相关需求。不但品种数量有相关性,需求时间与生产工艺过程的决定也是相关的。

2)需求的确定性。

MRP 的需求都是根据主生产计划、物料清单和库存信息精确计算出来的,品种、数量和需求时间都有严格要求,不可改变。

3)计划的复杂性。

MRP 计划要根据主生产计划、物料清单、库存信息、生产时间和采购时间,制订出主产品的所有零件的采购计划。

3. 闭环 MRP

基本 MRP 的特点是自上而下地贯彻物料需求计划,计划的调整与控制很难实现。为了能对输入进行调整,并使计划具有弹性,出现了有反馈机制的闭环式 MRP 系统。闭环 MRP 系统形成了一个物料需求、人力需求,以及车间采购计划的闭环回路。在这个系统中,已经有了一个长期的发展计划,人力的平衡实施、评价、反馈、调整有了实现的可能,企业资源管理的范围进一步扩大。闭环 MRP 可以实现对整个企业的物流管理。

(1)闭环 MRP 产生的必要性

20 世纪 60 年代的基本 MRP 能根据有关数据计算出相关物料需求的准确时间与数量,但它还不够完善,其主要缺陷是没有考虑到生产企业现有的生产能力和采购的有关条件的约束。虽然它在主生产计划阶段做过能力平衡,但仅仅是粗略的平衡,只是按车间或设备粗算出生产能力需求,又因为它是在相当长的提前期之前做出的,因此没有考虑生产现场实际发生的生产能力的动态变化。在此前提下计算出来的物料需求有可能因设备和工时的不足而没有能力生产,或者因原料的不足而无法生产。同时,它也缺乏根据计划实施情况的反馈信息对计划进行调整的功能。这使它们在物料生产的进度安排上缺乏可行性和可靠性。在 MRP 系统中,信息是单向流动的,与管理思想不一致,管理信息必须是闭环的信息流,由输入端至输出端,再循环影响至输入端,从而形成信息回路。正是为了解决以上问题,MRP 系统在 20 世纪 70 年代发展为闭环 MRP 系统,提出了在有限生产能力条件下安排计划的概念和方法。闭环 MRP 系统除了物料需求计划外,还将生产能力需求计划、车间作业计划和采购作业计划也全部纳入系统,形成一个封闭的系统。

(2)闭环 MRP 理论

1)闭环 MRP 理论的由来。

闭环 MRP 理论就是在物料需求计划(MRP)的基础上充分考虑能力的约束,加入了能力需求计划理论(CRP),即全部工作中心的负荷平衡。运用这一计划来验证所提出的加工和采购计划的可行性,及时地对 MRP 进行调整,以保证下达给执行部门(车间、供应)的是一个经过确认的可行计划。在计划下达后,将在执行过程中出现的物料的问题(如设计更改、废品、外购件未能按时到货)和能力的问题(如定额不准、设备故障、人员缺勤)及时反映到计划层,形成自下而上的反馈信息。此外,为了适应企业内外环境的变化,在必要的时候应修改计划。这种自上而下又自下而上闭环式的信息传递和运作，称为闭环 MRP 系统。简言之，闭环 MRP 是在物料需求计划（MRP）的基础上，增加对投入与产出的控制，也就是对企业的能力进行校检、执行和控制。它是最基本的物料计划与控制系统，也是制造业软件必须满足的基本要求。

图 1-6 是美国生产与库存管理协会（APICS）发布的闭环 MRP 逻辑图。如图所示，首先利用工艺路线资料计算生产物料所需要的生产能力，并制订出生产能力需求计划。这是一种按工作中心汇总的，表明它们在每个时间段内应为每项物料的工序加工任务提供多少能力工时（台时）的负荷分布计划。接着，从工作中心取得它们在各时段可用能力的数据后，比较需用能力与可用能力，从而检查计划可行性。若存在不可行之处，就返回去修改物料需求计划。在达到满意的平衡后，进入车间作业控制子系统，监控计划的实施过程，即在实施计划的过程中仍要随时反馈实际进度的信息，使计划人员能根据情况的变化，进一步调整计划，来指导生产的进行。这样，使整个计划与控制工作形成有机的闭回路系统，即闭环 MRP 系统。

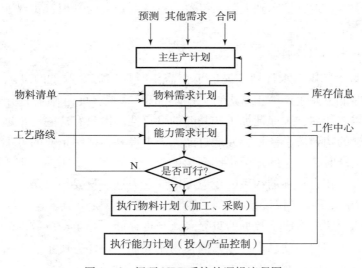

图 1-6　闭环 MRP 系统的逻辑流程图

从图 1-6 中可以看出，闭环 MRP 系统的每一个计划层都要做需求与能力的平衡，都有相应不同层次的能力计划。在主生产计划层，要运行粗能力计划（Rough Cut Capacity Planning），计划对象是关键的工作中心（瓶颈工序）；在物料需求计划层，要运行能力需求计划，计划对象是全部的工作中心。这里的工作中心是能力单元的统称，它可以是单台或功能相同的多台设备、生产线、成组加工单元，甚至是没有设备的装配班组。工作中心也是计算加工成本、分配加工任务和采集执行信息的对象。能力需求计划是把众多在同一时段使用同一个工作中心的加工件的负荷计算出来，显示每一个工作中心各个时段的负荷，对比工作中心的可用能力；然后通过人机对话方式对超负荷的工作中心采取调整措施，使计划成为可行。有时，在较长的时段（如几月），能力似乎不成问题，但是如果把时段划细（如几周、日），问题就会暴露出来，这说明借助计算机实现细化管理的必要性。

MRP/CRP 是系统运算时间最长的程序，要反反复复地进行人机对话调整，是一件非常烦琐费时的运算。近年来国外一些软件公司开发了先进计划与排程（Advanced Planning and Scheduling，APS）技术，通过复杂的数学运算和各种优化方法，使 MRP 与 CRP 同步运行，以缩短时间并优化方案。

2）闭环 MRP 的特点。

①主生产计划来源于企业的生产经营规划与市场需求（如合同、订单等）。

②主生产计划与物料需求计划的运行（或执行）伴随着能力与负荷的运行，从而保证计划是可靠的。

③采购与生产加工的作业计划与执行是物料的加工变化过程，同时又是控制能力的投入与产出的过程。

④能力的执行情况最终反馈到计划制订层，整个过程是能力的不断执行与调整的过程。

4. MRP II

20 世纪 80 年代，出现了制造资源计划（MRP II），这使得 MRP 的概念发生了很大的飞跃，从一开始的物料管理，扩大到人力、机器、设备及资金的管理，实现了企业内部资源的一体化管理。

（1）MRP II 产生的必要性

MRP 系统制订了物料需求计划，提出了在需要时提出需要数量的思想，可在尽量控制库存的前提下，保证企业生产的正常进行。闭环 MRP 系统在此基础上充分考虑了能力的约束，加入了能力需求计划，来保证加工和采购的可行性。但只有这些还是远远不够的，当一个企业做出了科学的物料需求计划，并通过能力需求计划，证明企业的各工作中心有足够的人力和物力完成生产时，资金的短缺仍然会影响整个生产计划的执行。所以在制订计划时，除了要考虑到人力、物力条件的约束，还应考虑到财力这一重要约束条件。

在以往的 MRP 系统中，仅仅涉及了物流，而没有涉及资金流。这在许多企业中是由财会人员另行管理的，这就造成了数据的重复录入与再存储，甚至造成数据的不一致性。资金流的信息往往滞后于物料的信息，财务账同实物账往往不一样，使企业无法从效益的角度对经营生产活动进行实时的控制。

企业生存是以盈利为前提的，它运用各种方法来保证计划的正常实施，但最终关心的还是计划执行结果带来的效益是否符合企业的总体目标。一个计划周密、顺利完成却没能给企业带来预期收益的计划是没有意义的。缺乏资金管理的系统是不能完成企业管理最终目的的。

（2）MRP II 理论

为了满足物料与资金信息集成的要求，1977 年 9 月，美国著名生产管理专家奥列弗·怀特（Oliver W. Wight）提出了一个新的概念——制造资源计划（Manufacturing Resources Planning），它的简称也是 MRP。为了和传统的 MRP 相区别，通常称它为 MRP II。

MRP II 是对制造业企业资源进行有效计划的一整套方法。它是一个围绕企业的基本经营目标，以生产计划为主线，对企业制造的各种资源进行统一的计划和控制，使企业的物流、信息流、资金流流动畅通的动态反馈系统，它可以简单理解为集成了财务管理功能的闭环 MRP。

如图 1-7 所示，MRP Ⅱ 的流程图大致可以分成 3 个部分。在流程图的右侧是计划与控制的流程，它包括了决策层、计划层和执行控制层，可以理解为经营计划管理的流程；中间是基础数据，被存储在计算机系统的数据库中，可以被反复调用，通过这些数据信息的集成，将企业各个部门的业务沟通起来，可以理解为计算机数据库系统；左侧是主要的财务系统，图中只列出应收账、总账和应付账。各个连线表明信息的流向及相互之间的集成关系。

从图 1-7 中可以看出，MRP Ⅱ 与 MRP 的区别就是加入了财务系统。MRP Ⅱ 将应收账、应付账及总账的财务管理整合到了系统中。其采购作业根据采购单、供应商信息、收货单及入库单形成应付款信息；销售商品后，会根据客户信息、销售订单信息及产品出库单形成应收款信息；可根据采购作业成本、生产作业信息、物料清单等生成成本信息。最后将应付款信息、应收款信息，生成成本信息和其他信息登记入总账。它将供、产、销过程中的数量信息转变为价值信息，是物流的价值反映。企业通过该系统对生产过程中的资金流动和成本生成情况进行全程监控，将财务信息及时地反馈给决策层，为现行计划的调整和未来计划的制订提供宝贵信息，使计划变得更加可行和可靠。

企业最关心的是最终效益，为了评价效益，必须将计划实施的结果同企业的宏观规划进行对比，才能知道是否达到预期目标。

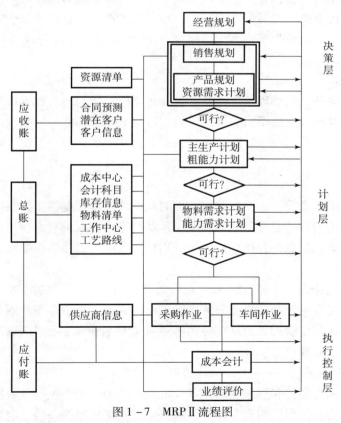

图 1-7　MRP Ⅱ 流程图

MRP Ⅱ 系统将企业的宏观决策纳入系统中，它包括了决策层、计划层和控制执行层等计划层次：

①决策层：经营规划（企业长远规划），生产与运作计划（企业年度规划）。
②计划层：主生产计划（出厂产品计划），物料需求计划（加工和采购计划）。
③控制执行层：车间控制（控制计划的执行）。

MRPⅡ涉及企业的主要业务有市场、销售、计划、生产、物料、成本、财务和技术等。所以MRPⅡ是以计划与控制为主线，实现企业整体效益的管理信息系统。

（3）MRPⅡ的特点

MRPⅡ的特点可以从以下几个方面来说明，每一项特点都含有管理模式变革和人员素质或行为变革两方面，这些特点是相辅相成的。

1）计划的一贯性与可行性。

MRPⅡ是一种计划主导型管理模式，计划层次从宏观到微观、从战略到技术、由粗到细逐层优化，但始终保证与企业经营战略目标一致。它把通常的三级计划管理统一起来，计划编制工作集中在厂级职能部门，车间班组只能执行计划、调度和反馈信息。计划下达前反复验证和平衡生产能力，并根据反馈信息及时调整，处理好供需矛盾，保证计划的一贯性、有效性和可执行性。

2）管理的系统性。

MRPⅡ是一项系统工程，它把企业所有与生产经营直接相关的部门的工作连接成一个整体，各部门都从系统整体出发做好本职工作，每个员工都知道自己的工作质量同其他职能的关系。这只有在"一个计划"下才能成为系统，条块分割、各自为政的局面应被团队精神所取代。

3）数据共事性。

MRPⅡ是一种制造企业管理信息系统，企业各部门都依据同一数据信息进行管理，任何一种数据变动都能及时地反映给所有部门，做到数据共享。在统一的数据库支持下，按照规范化的处理程序进行管理和决策。改变了过去那种信息不通、情况不明、盲目决策、相互矛盾的现象。

4）动态应变性。

MRPⅡ是一个闭环系统，它要求跟踪、控制和反馈瞬息万变的实际情况，管理人员可随时根据企业内外环境条件的变化迅速做出响应，及时进行决策调整，保证生产正常进行。它可以及时掌握各种动态信息，保持较短的生产周期，因而有较强的应变能力。

5）模拟预见性。

MRPⅡ具有模拟功能。它可以解决"如果怎样，将会怎样"的问题，可以预见在相当长的计划期内可能发生的问题，事先采取措施来消除隐患，而不是等问题已经发生了再花几倍的精力去处理。这将使管理人员从忙碌的事务堆里解脱出来，致力于实质性的分析研究，提供多个可行方案供领导决策。

6）物流、资金流的统一。

MRPⅡ包含了成本会计和财务功能，可以由生产活动直接产生财务数据，把实物形态的物料流动直接转换为价值形态的资金流动，保证生产和财务数据一致。财务部门及时得到资金信息用于控制成本，通过资金流动状况反映物料和经营情况，随时分析企业的经济效益，参与决策、指导和控制经营与生产活动。

以上几个方面的特点表明，MRPⅡ是一个比较完整的生产经营管理计划体系，是实现制造业企业整体效益的有效管理模式。

5. 企业资源规划（ERP）

MRPⅡ的进一步发展是在20世纪90年代以后。现代经营技术及整个信息处理技术的飞速发展，使得公司全球化发展非常迅猛。企业发展的根本动力在于技术的实践与创新，一个企业要想在市场中取得竞争优势，不仅要实现对企业内部全部资源的管理，还要实现对全社会资源的有效利用、合理应用，使企业在整个社会大环境下取得竞争优势。同时，要使企业的生产流程或业务流程能对客户的需求快速反应，适应小批量、个性化的生产，就必须要求软件从本质上发生更大的变化。

（1）ERP产生的必要性

从最初的订货点方法发展到后来的MRPⅡ理论，生产管理实践不断地丰富、完善着制造资源系统这一理论。尤其是MRPⅡ对企业的信息化产生了深远的影响，至今仍有许多企业主要运用的还是MRPⅡ理论。随着经济全球化、信息全球化发展，世界市场竞争日益激烈，MRPⅡ显得有些力不从心。它的局限性主要表现在：

①MRPⅡ局限于对企业制造资源的管理，无法对企业的整体资源进行集成管理。日益激烈的市场竞争，对企业提出了更高的要求。企业的竞争不仅是产品的竞争、质量的竞争，而且是企业综合实力的竞争。单纯地依靠削减成本和缩短生产周期是不够的，还要有更强的资金实力、更快的市场响应速度。因此，只集成了制造部分信息的系统是无法满足这一要求的。必须将与竞争有关的物流、信息流及资金流从制造部分扩展到全面质量管理；将企业的所有资源（分销资源、人力资源和服务资源等）及市场信息和资源与系统整合，并能处理工作流。

②MRPⅡ局限于对单一企业的管理，无法满足集团化、多工厂协同作战、统一管理的要求。随着全球经济的发展，很多企业通过兼并或联合的手段，扩大自己的规模，形成了多集团化的大型企业。经济的全球化发展使很多企业为了实现资源在全球范围内的优化配置，将资本投入海外市场，形成了巨型的跨国公司。这些企业都希望通过信息系统对自己名下的多个集团或工厂实现统一的管理。一方面，各集团或工厂可以独立地生产、管理、运行；另一方面，各部分的发展必须符合公司整体的发展战略，各部门之间要相互协调、信息共享，共同服务于企业目标。

③MRPⅡ局限于企业内部各部门之间的信息交互，无法实现企业之间的信息共享和交流。在当今社会，市场的竞争不再是企业与企业之间的竞争，而发展成为供应链之间的竞争。企业之间既是竞争对手，又是合作伙伴。我们需要跟踪和监控市场信息，了解客户的需求、合作伙伴的情况及竞争对手的动向。企业和客户、企业和供应商、企业和用户之间，甚至是竞争对手之间，都要求对市场信息做出快速响应。只有在供应链上实现信息的共享、统一的管理，才能适应市场的要求，提高竞争力。通过供应链管理可以把企业的各个合作伙伴有机地结合在一起，在供应链中建立相关业务协调的动态联盟。被供应链组织在一起的企业又称为虚拟企业，它可以使每个企业发挥自己的优势，共享联盟的资源，共同创造财富。

在这样的背景下，产生了以MRPⅡ为基础的功能更加强大的企业资源计划ERP系统。

(2) ERP 的特点

①ERP 更加面向市场，面向经营，面向销售，能够对市场快速响应。它将供应链管理功能包含了进来，强调了供应商、制造商与分销商之间新的伙伴关系，并且支持企业后勤管理。

②ERP 更强调企业流程与工作流，通过工作流实现企业的人员、财务、制造与分销间的集成，支持企业过程重组。

③ERP 更多地强调财务，具有较完善的企业财务管理体系，这使得价值管理概念得以实施，资金流与物流、信息流更加有机地结合。

④ERP 较多地考虑人的因素作为资源在生产经营规划中的作用，也考虑了人的培训成本等。

⑤在生产制造计划中，ERP 支持 MRP Ⅱ 与 JIT 的混合生产管理模式，也支持多种生产方式（离散制造、连续流程制造等）的管理模式。

⑥ERP 采用了最新的计算机技术，如客户/服务器分布式结构、面向对象技术、电子数据交换技术、多数据库集成技术、图形用户界面、第 4 代语言及辅助工具。

此外，还有的 ERP 系统包括了金融投资管理、质量管理、运输管理、项目管理、法规与标准、过程控制等补充功能。这使得企业的物流、信息流与资金流更加有机地集成。它能更好地支持企业经营管理各方面的集成，并将给企业带来更广泛、更长远的经济效益与社会效益。

(3) ERP 系统的构成

采购、销售和库存构成企业内部物流的主要部分，其中库存和采购又称为企业的后勤补给系统。三大生产计划构成企业生产计划的核心，是企业计划的主要内容。财务模块包括应收、应付款项、成本管理等。此外，还有系统管理模块、客户关系管理模块及供应链管理模块等，如图 1-8 所示。

一般的 ERP 系统包括的模块如下：

①销售管理。

②采购管理。

③库存管理。

④制造标准。

⑤主生产计划。

⑥物料需求计划。

⑦能力需求计划。

⑧车间管理。

⑨JIT 管理。

⑩质量管理。

⑪总账管理。

⑫成本管理。

⑬应收账管理。

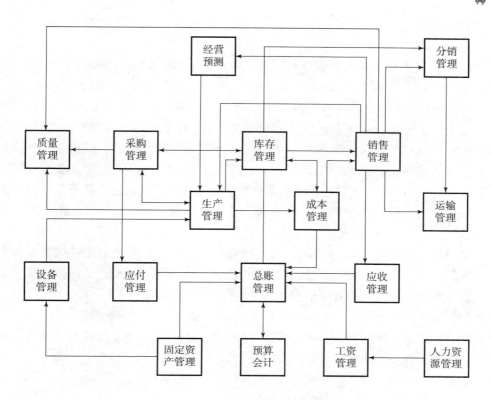

图 1-8 ERP 系统总流程图

⑭应付账管理。
⑮现金管理。
⑯固定资产管理。
⑰工资管理。
⑱人力资源管理。
⑲分销资源管理。
⑳设备管理。
㉑工作流管理。
㉒系统管理。

6. ERP 的新发展——ERP Ⅱ

众所周知,21 世纪的竞争已经不再是单一企业之间的竞争,也不是单一企业链与企业链的竞争,而是企业群体与企业群体之间的竞争。为了获得整个系统的价值最大化及竞争优势,越来越多的企业以结成战略联盟体的方式参与市场竞争,他们越来越重视整个供应链及整个企业联盟体内的资源整合与协同。

为了有效地实现企业间的协同管理,ERP Ⅱ 的概念应运而生。ERP Ⅱ（Enterprise Resource Planning Ⅱ）是 2000 年由美国调查咨询公司 Gartner Group 在原有 ERP 的基础上扩展后,提出的新概念。Gartner Group 给 ERP Ⅱ 的定义是：ERP Ⅱ 是通过支持和优化企业内部和企业之间的协同运作和财务过程,以创造客户和股东价值的一种商务战略和一套面向具体行业领域的应用系统。

为了区别于ERP对企业内部管理的关注,Gartner Group在描述ERPⅡ时,引入了"协同商务"的概念。协同商务(Collaborative Commerce或C-Commerce),是指企业内部人员、企业与业务伙伴、企业与客户之间的电子化业务的交互过程。为了使ERP流程和系统适应这种改变,企业对ERP的流程及外部的因素提出了更多的要求,这就是"ERPⅡ"。

ERPⅡ继承了ERP的属性和方法,ERPⅡ中的企业是多态的企业,是企业从个性化企业向社会化企业的扩散。企业间的资源计划与核算可以继承企业内资源计划与核算的属性和方法。也就是说,ERPⅡ把管理对象扩展到了企业之间的管理任务、管理模型、管理算法和管理数据,使得企业之间的管理模式呈现继承、复用的特点。因而,ERPⅡ的出现并不意味ERP的死亡。

与ERP相比,ERPⅡ给企业提出了更高的要求,它不仅要求企业能够优化配置企业内部的各种资源,而且把供货商、客户、股东都当成独立的交易实体处理,因此,供货商、客户、制造企业等可以作为交易对象来获取其中的资源。

因此,ERPⅡ的管理模式仍然继承了ERP的管理模式,在供应链管理、客户关系管理、价值链管理方面继承了物料管理、销售管理、财务管理的管理任务、管理模型、管理算法和管理数据,主要的改变是企业管理模式之间是通过消息进行沟通和协作的,每个企业的管理模式成为封装的具体管理模式,而企业之间的管理模式成为重点的管理模式。

1.1.6 金蝶ERP系统

1. 金蝶公司简介

金蝶国际软件集团始创于1993年,是香港联交所主板上市公司(股票代码:0268)。现有员工8 000多人,设有深圳、上海、北京三个软件园,已为超过680万家企业和政府组织提供企业管理软件及云服务,改变亿万人的工作方式,是中国最大的企业SaaS云服务厂商。

在成就客户的同时,金蝶也赢得了自己的发展。金蝶在2018年率先进行全面云转型,2015年获得京东战略投资,2017年已成为亚马逊AWS云在中国最大企业级合作伙伴。今天,金蝶已成为企业在数字经济新时代的选择,财富中国100强企业,有一半选择金蝶,整体金蝶系用户已超过2.6亿,超过2 000家合作伙伴选择金蝶作为共创共赢的发展平台。国际调研机构IDC数据显示,金蝶已连续13年位居中国成长型企业市场占有率第一,并成为首个在企业SaaS云服务领域超越国际厂商的软件公司。

1991年7月,集团创始人徐少春先生创办"深圳爱普电脑技术有限公司"。11月,徐少春独立开发的爱普电脑会计系统V1.0版通过了深圳市财政局的评审,为推动深圳市会计电算化提供了重要的技术保障,并打破了外资企业财务管理软件完全依赖进口的局面。

1993年,徐少春先生创办金蝶公司,寓意他能够像一只蝴蝶,飞进万千财务人员的窗口,帮助他们从繁重的财务处理中解放出来。金蝶之名源于毛阿敏歌曲《思念》中的一句歌词:你从哪里来,我的朋友,好像一只蝴蝶飞进我的窗口。

1995年，金蝶推出金蝶财务软件For Windows 1.0版，开始了会计工作平台的大转移。金蝶在软件行业率先向Windows平台转型，基于方便快捷而友好高效的操作系统，成功帮助1 200万财务人员甩掉算盘。

1997年，金蝶在业内首创32位决策支持型财务软件，在国产Windows版财务软件评测活动中获总分第一，引领中国财务软件由核算型向管理型的历史飞跃，开辟中国财务软件决策支持新纪元。

1999年，全国首款基于互联网平台的三层结构的ERP——金蝶K/3发布，荣列国家级火炬计划项目，亮相第一届高交会。直至今日，金蝶K/3还备受中国企业青睐。

2001年，金蝶在香港联交所创业板挂牌上市，股票代码8133，成为国内第一个在海外上市、登陆国际资本市场的独立软件厂商。

2004年，发布针对金蝶K/3产品的新一代技术平台——金蝶K/3 BOS，获"中国软件市场产品质量用户满意第一品牌"称号。

2005年，金蝶完成了从本土民营高科技公司向香港上市国际公司的跨越，正式于联交所主板成功上市，股票代码00268.HK。

2011年，金蝶提出以移动互联网、社交网络、云计算等新兴技术为依托的"云管理"战略，进行继Windows版财务软件转型、ERP转型后的第三次转型。

2015年，金蝶积极谋求"互联网+"的创新发展，与金山、亚马逊、京东等互联网巨头在云服务领域展开积极的全面合作。12月，携手京东、航信实现全国首例电子发票入账，带动财税领域的新一轮变革。同月发布"账无忧"企业财税服务平台，让小微企业财税一键无忧。

2017年，金蝶在中国企业SaaS市场占有率蝉联第一，金蝶连续13年蝉联中国成长型企业市场占有率第一，金蝶云之家蝉联中国移动办公市场第一。

金蝶目前有3种ERP产品，分别为面向小型企业的KIS、面向中小型企业的K/3和面向大中型企业的EAS。

（1）面向大型集团企业：金蝶EAS

金蝶EAS为集团企业提供全面集团管控方案，助力集团企业数字化转型，实现企业数据自由共享。以财务共享、数字营销、智能制造为主要领域，全面覆盖预算、管理会计、资金管理、集团供应链、销售电商、采购电商、多工厂制造等管理领域。同时，金蝶自主创新了最适合中国企业管理特质的BOS底层开放平台，满足了集团企业随需应变的创新及发展等深层次需求。

①金蝶EAS财务共享3.0解决方案，以"全球共享、智能共享、数据共享"三大特性，引领企业财务共享发展趋势，使企业财务管理工作更加充满智慧，为企业创造更大价值。

②金蝶EAS数字营销解决方案，借助互联网技术，支持集团企业构筑全渠道营销模式，实现企业与客户、经销商及渠道的全面连接，降低沟通成本，提升销售效率，创新销售模式。

③金蝶EAS智能制造解决方案，围绕制造业数字化转型的深层需求，基于云计算、物联网、移动互联网、人工智能、工业大数据等先进制造技术，为制造企业打造平台化、集成化、模块化、移动化的数字化运营平台。

（2）面向中小型企业：金蝶 K/3

金蝶 K/3 集财务管理、供应链管理、生产制造管理、人力资源管理、客户关系管理、企业绩效、移动商务、集成引擎及行业插件等业务管理组件为一体，以成本管理为目标，计划与流程控制为主线，通过对目标责任的明确落实、有效的执行过程管理和激励，帮助企业建立人、财、物、产、供、销科学完整的管理体系。

（3）面向小型企业：金蝶 KIS

金蝶 KIS 是为小微企业量身打造的管理软件品牌，包含多个系列产品，以订单为主线，以财务为核心，通过云之家、微信等移动终端实现对库存、生产、销售、采购、网店、门店等各经营环节的实时管控，帮助企业在做好内部管理的同时，轻松玩转互联网，创新商业模式，赢得更多商机。

①集成金蝶云之家，提升企业内部协作和移动业务处理效率；

②集成微信，加强外部沟通，创新商业模式。

2. 金蝶 K/3 ERP 系统

本部分以金蝶 K/3 WISE 14.0 作为操作平台，介绍 ERP 在企业中的运用。

（1）系统整体功能结构

金蝶 K/3 ERP 系统包括多个系统大类，主要有财务会计系统、供应链管理系统、生产制造管理系统、人力资源管理系统、客户关系管理系统等。每一类又包含多个子系统，涉及企业的方方面面，具体构成如图 1-9 所示。

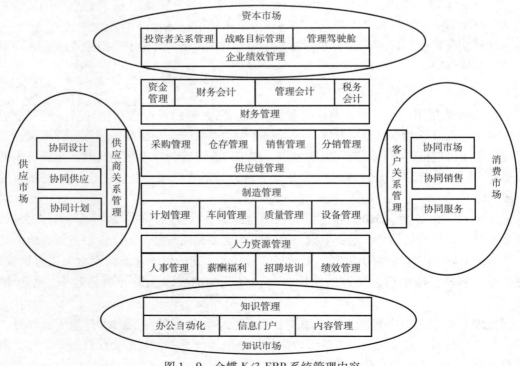

图 1-9　金蝶 K/3 ERP 系统管理内容

（2）应用框架

金蝶 K/3 ERP 系统遵循微软 Windows DNA 框架结构，基于三层结构技术，支持网络数据库，支持 Microsoft/Citrix 终端应用，同时支持 Web 应用层，是真正面向网络的企业管理软件。

它由如下技术组成：数据库技术＋三层结构组件技术＋Citrix 终端技术＋企业管理技术。

三层结构技术：企业管理软件是典型的数据库应用，三层结构是一项先进且成熟的数据库应用结构。根据分布式计算原理，它将应用分为数据库端、中间层、客户端 3 个层次。数据库端即数据库服务器；中间层包含了封装商业规则的计算组件；客户端为用户界面，可以是本地客户端 GUI，也可以是远程的 Citrix 客户端。

金蝶 K/3 系统全面采用了组件技术，应用如"积木"般的搭建结构，这为用户和二次开发商提供了一个很好的开发平台，通过标准的接口，可以直接调用中间层组件进行数据操作，这样，用户能将 K/3 系统同其他应用系统有机地结合起来，将企业各个系统全面整合为一个完整的企业管理信息系统。

综上所述，金蝶 K/3 系统特性可总结为"一套系统、两个面孔、三层结构"。

1.1.7 金蝶 K/3 系统安装

1. 光盘说明

K/3 V14.0 DVD 安装光盘一套 2 张，包括的内容见表 1-1。

表 1-1 K/3 V14.0 DVD 安装光盘包括的内容

光盘名称	说明
金蝶 K/3 安装光盘	安装程序＋演示账套＋资源包＋用户手册
金蝶 K/3 资源光盘	环境检测后所需要的其他系统安装程序

2. 安装方式

目前 K/3 V14.0 支持如下 3 种安装方式：

（1）DVD 光驱本机安装

将 DVD 光碟直接插入 DVD 光驱，按照提示安装即可。

（2）DVD 光驱共享网络安装

安装前共享 DVD 光驱，再访问 DVD 光驱，按照提示安装即可。

（3）将 DVD 光盘拷贝至硬盘共享安装

先将 DVD 安装盘拷贝到硬盘，并设置共享，按照提示安装即可。

3. 安装顺序

在新环境上安装 K/3 时，按如下顺序进行安装：

①插入 DVD K/3 资源光盘，先对环境进行检测，符合安装条件时才可进行安装，如图

1-10所示。

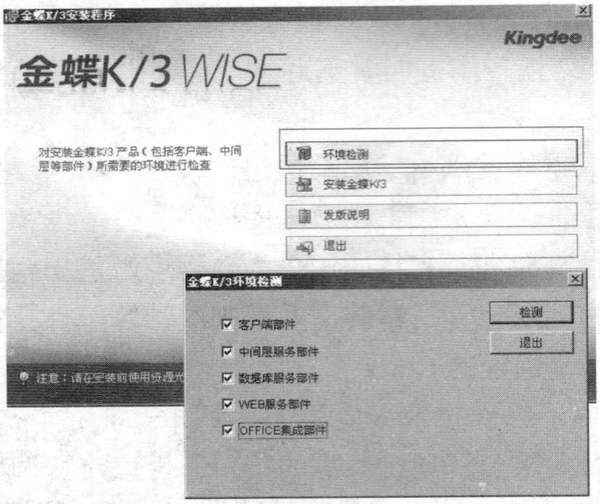

图 1-10　进行环境检测

②环境检测通过后，更换为 DVD 的 K/3 安装光盘，进行安装。

4. 数据库服务部件安装

首先必须明确，数据库服务部件并不是 K/3 系统的必需部件，K/3 数据库服务器不依赖它工作。数据库服务部件仅在数据库服务器与中间层服务器连接时，在中间层账套管理程序中进行新建、备份、恢复这三种账套操作时起作用。如果不需要在中间层服务器做上述操作，例如账套备份恢复直接通过 SQL Server 或者第三方备份软件进行，可以不必在数据库服务器安装 K/3 数据库服务部件。

安装数据库服务部件的一般步骤：

1）保证服务器已安装 SQL Server，目前 K/3 V14.0 支持 SQL Server 2005/2008/2018。

注意：

①不推荐使用 SQL Server 2000 标准版，只推荐企业版，因为标准版最大只能支持 2 GB 物理内存，会降低 K/3 的整体性能。但 SQL Server 2005/2008/2018 标准版并没有物理内存限制，可以推荐使用。

②由于支持 SQL Server 2018，所以新建账套和演示账套不支持 SQL Server 2000。

③对于在非简体中文环境安装 SQL Server，则把排序（Collation）设为 Chinese_PRC_CI_AS，（CI 表示大小写不敏感（Case Insensitive）、AS 表示重音敏感（Accent Sensitive）），否则 K/3 数据库服务器不能正常工作。SQL Server 2005/2008 默认安装过程中可以设置排序，SQL Server 2000 需要选择自定义安装才能设置排序。排序在安装后不能更改，所以，在非简体中文环境安装时，一定要正确设置排序。

2）确认已安装 SQL Server 对应版本最新 Service Pack。

3）以具有系统管理员身份的用户登录操作系统，关闭其他应用程序，特别是防病毒软件（可在安装后开启）。

4）Windows Server 2008 默认没有安装 K/3 需要的服务器角色，须在服务器第一次启动时配置角色，或进入服务管理器的角色管理，然后参照图 1-11～图 1-17 进行配置。

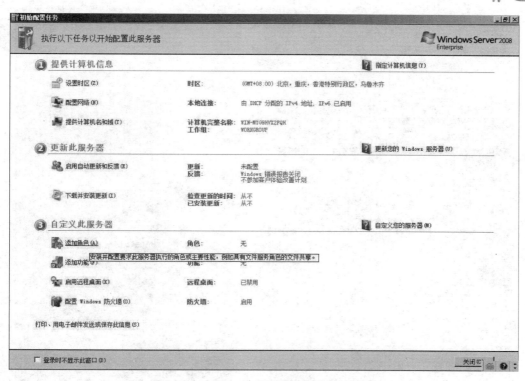

图1-11 服务管理器的角色管理

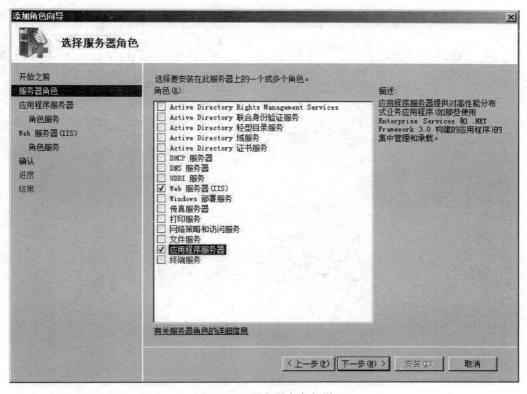

图1-12 服务器角色新增

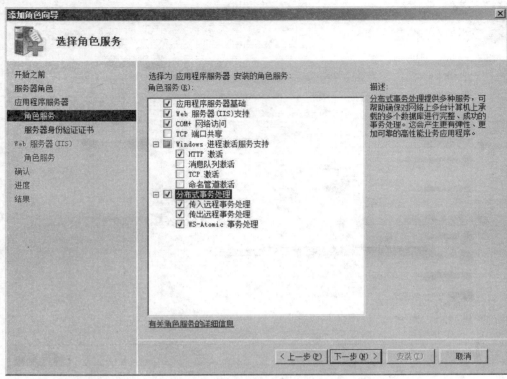

图1-13 角色服务配置

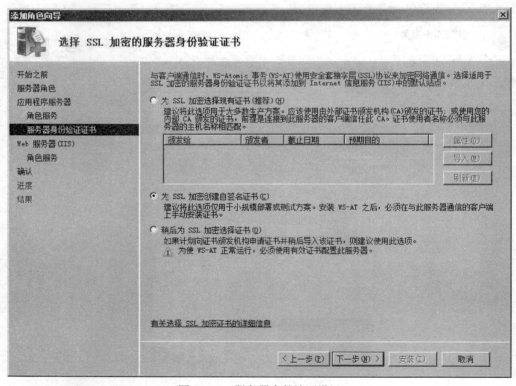

图1-14 服务器身份认证设置

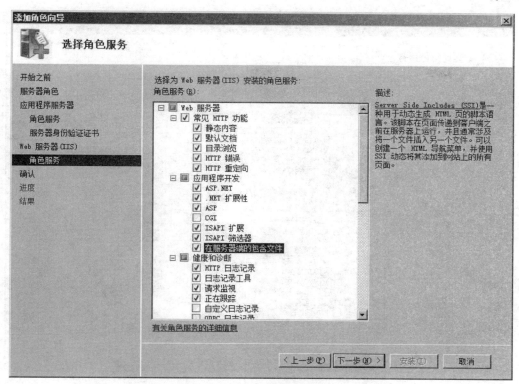

图 1-15 Web 服务器角色服务设置（1）

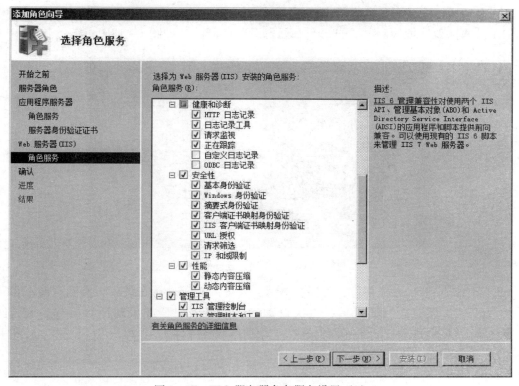

图 1-16 Web 服务器角色服务设置（2）

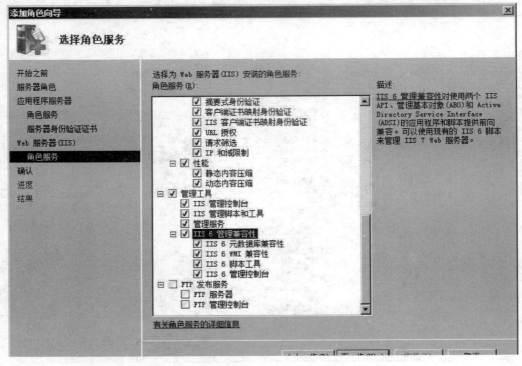

图 1-17　Web 服务器角色服务设置（3）

5）自动运行安装光盘"金蝶 K/3 安装光盘（DVD）"，或手动运行光盘根目录的 SET-UP. EXE，选择"环境检测"，再选择"数据库服务部件"，如图 1-18 所示。

图 1-18　数据库服务部件检测

6）若有未安装的必需部件，程序会提示放入资源光盘进行安装。切换到资源盘目录下进行环境安装。环境检测通过后，再次自动运行安装光盘，或手动运行 setup. exe，选择"安装金蝶 K/3"，进入安装主界面，选择"数据库服务部件"，再单击"下一步"按钮开始安装即可，如图 1-19 所示。

图 1-19　数据库服务部件安装

5. 中间层服务部件安装

①确认已安装操作系统最新 Service Pack。本章中，Windows Server 2003 最新 SP 为 SP2，Windows 2000 系列最新 SP 为 SP4。

②以具有系统管理员身份的用户登录操作系统，关闭其他应用程序，特别是防病毒软件（可在安装后开启）。

③自动运行安装光盘"金蝶 K/3 安装光盘（DVD）"，或手动运行光盘根目录的 setup.exe，选择"环境检测"，再选择"中间层服务部件"。如果有未安装的必需部件，程序会提示并安装。

④"环境检测"通过后，再次自动运行安装光盘，或手动运行 setup.exe，选择"安装金蝶 K/3"，进入安装主界面，选择"中间层服务部件"，再单击"下一步"按钮开始安装即可，如图 1-20 所示。在安装时，可以根据需要选择安装全部或部分中间层组件包。

⑤安装完成后，会自动运行"中间层组件注册"，如图 1-21 所示。（如需安装后重新注册中间层组件，则手动运行"程序"→"金蝶 K3"→"金蝶 K3 服务器配置工具"→"中间层组件注册"。）

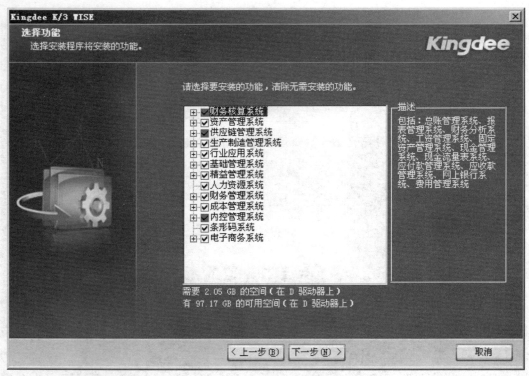

图 1-20 中间层组件安装

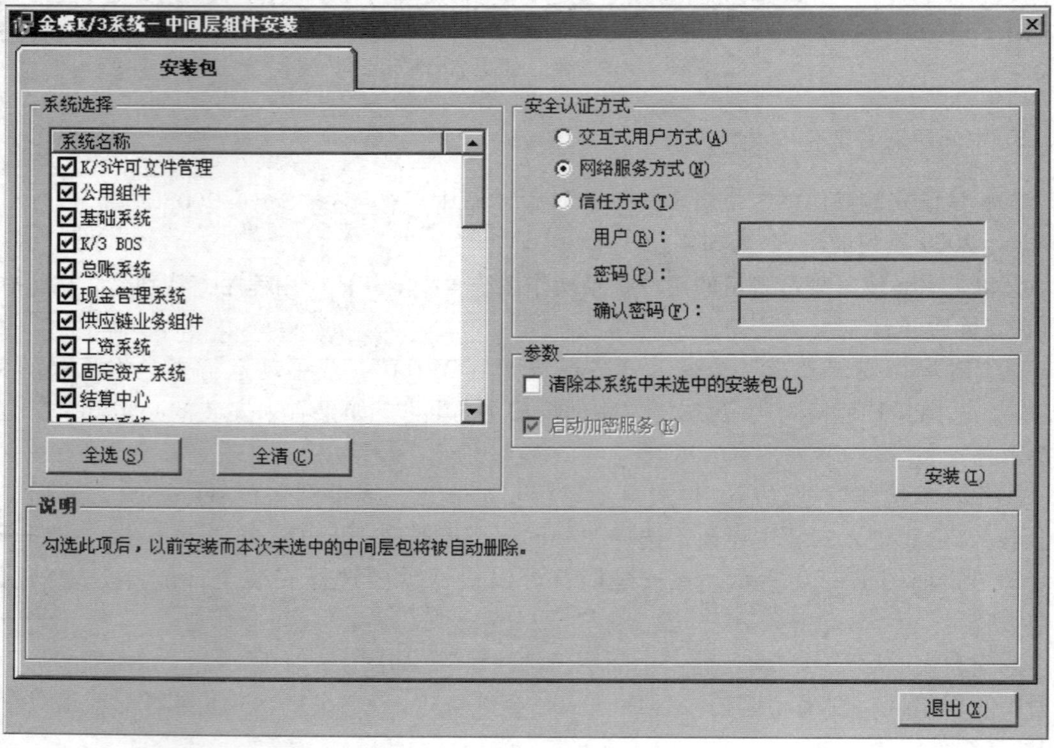

图 1-21 中间层组件注册

⑥中间层组件注册完毕后，即可运行"程序"→"金蝶 K3"→"金蝶 K3 服务器配置工具"→"账套管理"，新建或恢复、注册账套。

6. Web 服务部件安装

①确认已安装操作系统最新 Service Pack。本章中，Windows Server 2003 最新 SP 为 SP2，Windows 2000 系列最新 SP 为 SP4。

②以具有系统管理员身份的用户登录操作系统，关闭其他应用程序，特别是防病毒软件（可在安装后开启）。

③自动运行安装光盘"金蝶 K/3 安装光盘（DVD）"，或手动运行光盘根目录的 setup.exe，选择"环境检测"，再选择"Web 服务部件"。如果有未安装的必需部件，程序会提示并安装。

④"环境检测"通过后，再次自动运行安装光盘，或手动运行 setup.exe，选择"安装金蝶 K/3"，进入安装主界面，选择"Web 服务部件"，再单击"下一步"按钮开始安装即可。

⑤安装完成后，会自动运行"Web 服务组件注册"。（如需安装后重新注册 Web 组件，请手动运行"程序"→"金蝶 K3"→"金蝶 K3 服务器配置工具"→"HR Web 服务组件注册"。）

⑥安装完成后，系统会自动运行"站点及远程组件配置工具"（如需安装后重新配置 Web 站点，请手动运行"程序"→"金蝶 K3"→"金蝶 K3 服务器配置工具"→"站点及远程组件配置工具"），输入中间层名称/地址，选择所需配置的站点。

7. 客户端部件安装

①确认已安装操作系统最新 Service Pack。

②以具有系统管理员身份的用户登录操作系统，关闭其他应用程序，特别是防病毒软件（可在安装后开启）。

③自动运行安装光盘"金蝶 K/3 安装光盘（DVD）"，或手动运行光盘根目录的 setup.exe，选择"环境检测"，再选择"客户端部件"。如果有未安装的必需部件，程序会提示先安装资源，并重新选择资源路径并安装。

④"环境检测"通过后，再次自动运行安装光盘，或手动运行 setup.exe，选择"安装金蝶 K/3"，进入安装主界面，选择"客户端部件"，再单击"下一步"按钮开始安装即可。在安装时，可以根据需要选择安装全部或部分客户端组件。

⑤客户端安装完毕后，先运行"程序"→"金蝶 K3"→"金蝶 K3 工具"→"远程组件配置工具"，指定中间层服务器，完成远程组件的注册和配置，客户端才能正常使用。

1.2　实验一　账套的建立

1.2.1　实验目的

①掌握新建账套、账套备份和账套恢复的方法。

②掌握用户的建立及用户权限的设置方法。

1.2.2 实验准备

安装金蝶 K3 WISE ERP 系统。

1.2.3 实验内容及步骤

业务背景案例介绍：

深圳绿色原野公司是一家高新技术的股份制企业，以制造、销售电脑为主。企业的技术先进、设备精良、产品质量好、效益连年递增，公司正处于向上发展的过程。

公司名称：深圳绿色原野公司。

地址：深圳市深南大道 518 号。

电话：0755 – 12345678。

1. 账套管理

（1）新建机构

步骤 1：单击"开始"→"程序"→"金蝶 K3 WISE"→"金蝶 K3 服务器配置工具"→"账套管理"，初次使用时，用户名为：Admin，无密码，直接单击"确定"按钮，如图 1 – 22 所示。

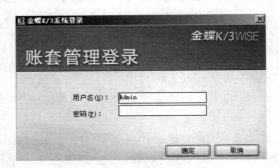

图 1 – 22 登录账套管理

步骤 2：单击"组织机构"→"添加机构"，在弹出的界面中，输入机构代码（如：01）和机构名称（如：深圳绿色原野公司），如图 1 – 23 所示。

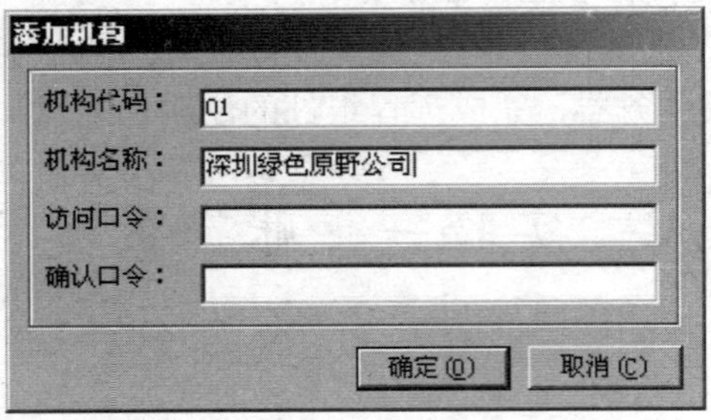

图 1 – 23 添加机构

步骤3：单击"确定"按钮。

(2) 新建账套

步骤1：选择所建的组织机构，单击"新建"按钮，在弹出的界面中输入账套号（如：01.01），账套名为本人姓名，账套类型选择：标准供应链解决方案（此方案适用于工业、工商一体化的企业供应链、生产制造、人力资源和标准财务管理），数据库实体为"AIS" + 本人学号，选择相应的路径，单点"确定"按钮，完成新建账套，如图1-24所示。

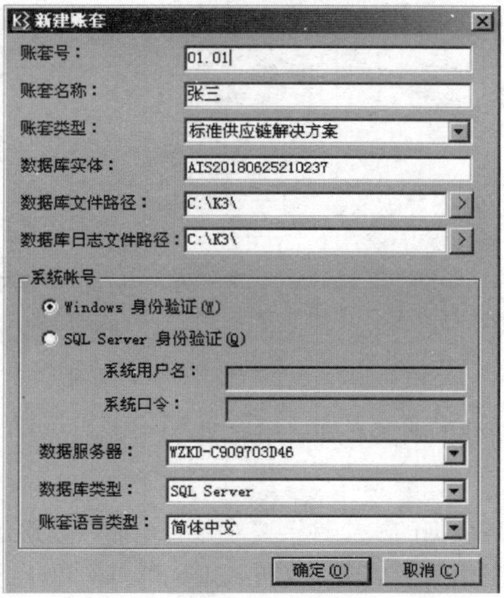

图1-24　新建账套

步骤2：对新建的账套进行属性设置，选中账套，单击"设置"按钮，对系统、总账、会计期间的内容进行设置，会计期间设置2018年10月使用K3系统，如图1-25~图1-27所示。

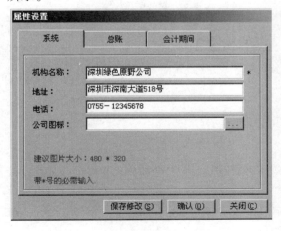

图1-25　设置新账套的系统信息

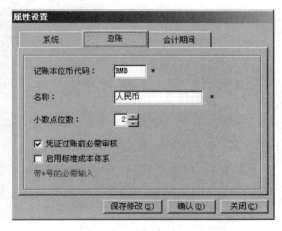

图1-26　设置新账套的总账信息

- 35 -

图 1-27 设置新账套的会计期间

步骤 3：启用账套，新建的账套必须启用后才能使用。

(3) 账套备份

为了保证使用软件财务数据的安全性，要对账套定期做数据备份，账套备份可用手工备份和系统自动备份两种。备份后生成两个文件：.dbb 和 .bak。

步骤：单击"备份"→"完全备份"，选择备份的路径，如图 1-28 所示。

图 1-28 备份账套

(4) 账套恢复

步骤：单击"恢复"，选择备份文件，如图 1-29 所示。

(5) 进入 K3 系统

步骤 1：单击"开始"→"程序"→"金蝶 K3 WISE"→"金蝶 K3 WISE"或者直接双击桌面的"金蝶 K3 WISE"图标。

步骤 2：选择机构、账套，输入用户名、密码（用户名：administrator，密码：空），单击"确定"按钮，如图 1-30 所示，进入 K3 WISE 系统。

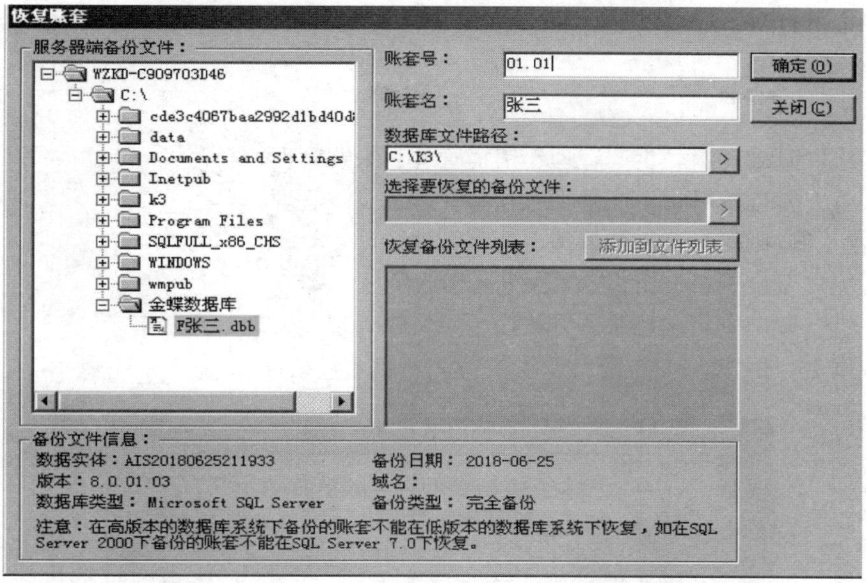

图 1-29 恢复账套

图 1-30 金蝶 K3 WISE 登录界面

步骤3：单击"K3 主界面"。

2. 用户管理

用户管理可在账套管理中进行，也可在客户端中进行，只有系统管理员才有权进行用户管理，系统一般提供两类用户组：

Users 组：一般用户，必须授权。

Administrators 组：系统管理员，不用授权。

用户组也可自己增加。

（1）增加用户组

增加如下用户组：

①计划组（基础资料、生产管理、销售管理、采购管理、仓存管理）。

②工人组（基础资料、生产管理、仓存管理、设备管理）。

③采购组（基础资料、采购管理、仓存管理）。

④销售组（基础资料、销售管理、仓存管理）。

⑤财务组（基础资料、总账、应收账、应付账、现金管理、固定资产）。

步骤：单击"用户"→"用户管理"→"新建用户组"，如图 1-31 所示。

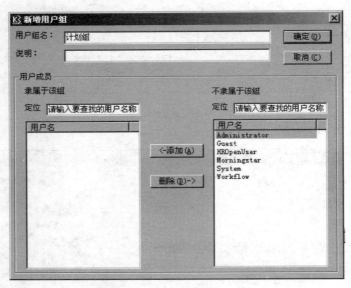

图 1-31 增加用户组

（2）增加用户

增加如下用户：

王一川　计划组

李大双　销售组

吴伟　　采购组

陈静　　工人组

满军　　财务组

本人姓名　Administrators 组

吴平　　Users 组

如图 1-32~图 1-34 所示。

图 1-32 增加用户

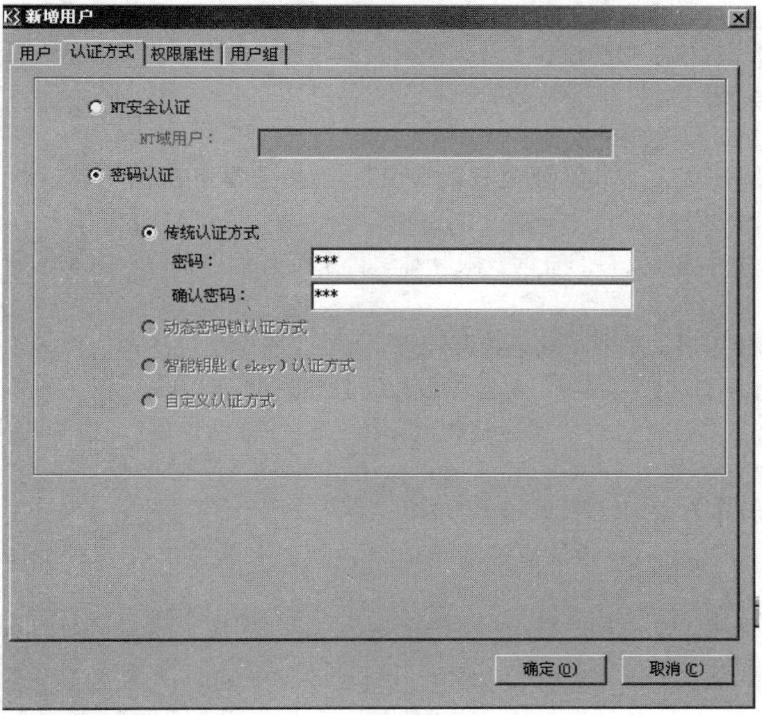

图 1-33 用户认证方式设置

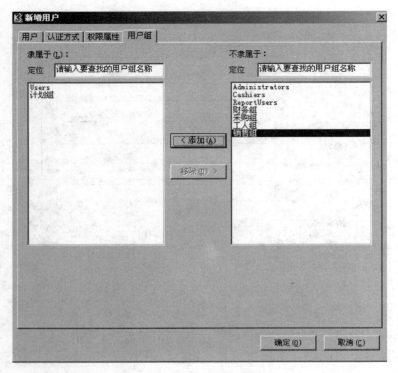

图1-34 设置用户所属用户组

（3）授权

K/3权限管理提供了功能授权、数据授权、字段授权等多种授权方式，既可以对用户组授权，也可对用户授权。

1）对用户组进行功能授权。

步骤：选中用户组，单击"功能权限管理"，然后选择相应的功能权限，单击"授权"按钮，如图1-35所示。

2）为吴平授予基础资料的查询权限，对销售系统有管理权限，对采购订单有增加、修改、删除权限。

步骤1：选中用户，单击"功能权限管理"，然后选择相应的功能权限，即基础资料的查询权限、销售系统有管理权限，单击"授权"按钮，如图1-36所示。

步骤2：单击"高级"→"供应链物流单据"→"采购订单"，选择相应的功能权限，单击"授权"按钮，如图1-37所示。

3）对采购订单有增加、修改、删除权限。

步骤：单击"高级"→"供应链物流单据"→"采购订单"，选择相应的功能权限，单击"授权"按钮。

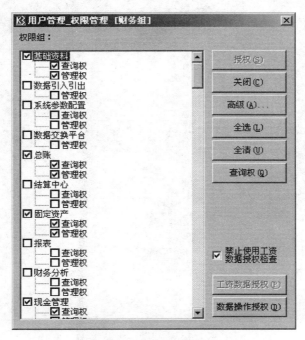

图1-35 对用户组授权

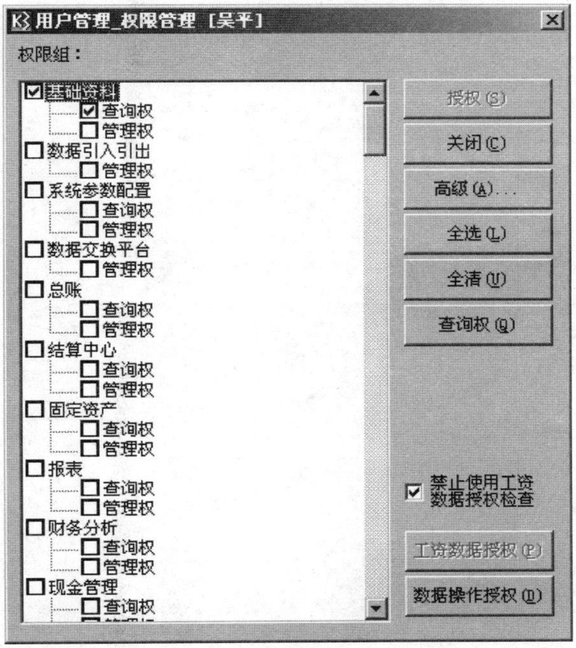

图1-36 授予吴平对基础资料的查询权限和对销售系统的管理权限

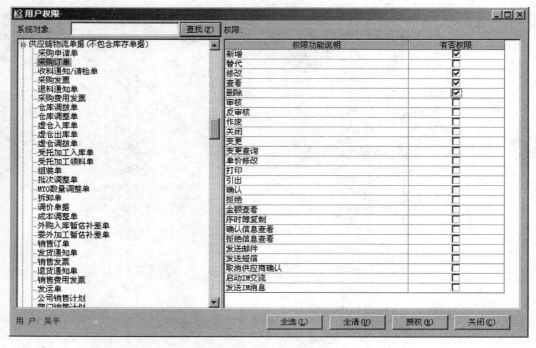

图 1-37　权限高级设置

1.2.4　实验总结

第 2 章
基本概念

2.1 背景知识

2.1.1 制造业的生产类型

制造业采用的生产类型,从总体上可以分为两大类:离散型(Discrete)和连续型(Process)。根据 Gartner 集团 1997 年 ERP 软件供应商指南中的分类,从极端的离散型生产到完全的连续型生产,又可以细分出 6 种生产类型。

因为不同的生产类型对 ERP 软件有着显著不同的要求,而不同 ERP 软件供应商的产品也往往支持不同的生产类型,或在某种生产类型上有优势。因此,对于计划实施 ERP 的客户来说,明确自己企业的生产类型,定义清楚该生产类型对 ERP 软件的具体要求,然后在满足这些要求的 ERP 软件中挑选最合适的供应商,是首先并且必须完成的工作。否则,在众多 ERP 供应商中无目的地挑选不仅有可能迷失方向,浪费时间,还有可能造成直到在实施过程中才发现软件功能与企业的生产类型不相适应,却为时已晚的恶果。所以,了解一些关于生产类型的知识,对于那些计划实施 ERP 或对 ERP 感兴趣的企业及其负责人员来说,是件很有必要并且有益的事。

下面将这 6 种生产类型从定义、典型行业、模块和功能要求 3 方面作概括介绍。

1. 按订单设计或按项目设计

订单设计,英文 Engineer To Order,简称 ETO;项目设计,英文 Engineer To Project,简称 ETP。

这种生产类型下,一种产品在很大程度上是按照某一特定客户的要求来设计的,所以说支持客户化的设计是该生产流程的重要功能和组成部分。因为绝大多数产品都是为特定客户度身定制的,所以这些产品可能只生产一次,以后再也不会重复生产了。在这种生产类型中,产品的生产批量很小,但是设计工作和最终产品往往非常复杂。在生产过程中,每一项工作都要特殊处理,因为每项工作都是不一样的,可能有不一样的操作、不一样的费用,需要不同的人员来完成。当然,一些经常用到,并且批量较大的部分,如原材料,可以除外。

为了使一个大型产品或项目的各个子部分能够在最后阶段精确地匹配在一起,以最终使用由不同的人、不同的地方生产的不同的子部分组合成一个复杂产品或项目,需要有非常先进的配置系统(Configuration Systems)来完成总体协调和管理控制工作。另外,精确地计算各个子部分的费用也是一个很难完成的要求,因为在整个制造流程中,不同的子部分可能是由各种不同类型的分包商，包括内部和外部的，来完成的。

属于此种生产类型的行业有飞机制造业、国防产品制造业、出版业、机械设备和发电设备制造业等。

按订单（项目）生产类型是6种生产类型中最复杂的一种，它包括从接到客户产品要求进行设计到将最终产品交付客户使用的各个环节，因而对ERP软件也有着非常高的要求。对用于该行业的ERP应用软件，在主要模块和能力上有如下要求：必须有高度复杂的产品配置功能，能够支持有效的并行生产，支持分包制造，有车间控制与成本管理功能、高级的工艺管理与跟踪功能、多工厂的排程功能、计算机辅助设计与制造功能（CAD/CAM）、集成功能及有限排程功能。

2. 按订单装配或按订单制造

订单装配，英文Assemble To Order，简称ATO；订单制造，英文Make To Order，简称MTO。

在这种生产类型中，客户对零部件或产品的某些配置给出要求，生产商根据客户的要求提供为客户定制的产品。所以，生产商必须保持一定数量的零部件的库存，以便当客户订单到来时，可以迅速按订单装配出产品并发送给客户。为此，需要运用某些类型的配置系统，以便迅速获取并处理订单数据信息，然后按照客户需求组织产品的生产装配来满足客户需要。生产企业必须备有不同部件并准备好多个柔性的组装车间，以便在最短的时间内组装出种类众多的产品。

属于此种生产类型生产的产品有个人计算机和工作站、电话机、发动机、房屋门窗、办公家具、汽车等。满足这种生产类型的ERP软件必须具有以下关键模块：产品配置（Production Configuration）、分包生产、车间管理和成本控制、高级的工艺管理与跟踪功能、分销与库存管理、多工厂的排程、设计界面，以及集成模块。

3. 按库存生产

在按库存生产（Make To Stock，MTS）类型中，客户基本上对最终产品规格的确定没有什么建议或要求。生产商生产的产品并不是为任何特定客户定制的。但是，按库存生产时的产品批量又不像典型的重复生产那么大。通常，这类生产系统的物料清单只有一层，并且生产批量是标准化的，因而一个标准化的成本是可以计算出来的。实际的成本可以和标准成本相比较，比较结果可以用于生产管理。

典型的属于按库存生产类型的产品有家具、文件柜、小批量的消费品、某些工业设备。

按库存生产类型是大多数MRP Ⅱ系统最初设计时使用的典型生产类型，因此，基本上不需要特殊的模块来处理它。

4. 重复生产

重复生产（Repetitive）又被称作大批量生产，是那种生产大批量标准化产品的生产类型。生产商可能需要负责整个产品系列的原料，并且在生产线上跟踪和记录原料的使用情况。此外，生产商还要在长时期内关注质量问题，以避免某一类型产品的质量逐步退化。虽然在连续的生产过程中，各种费用，如原料费用、机器费用，会发生重叠而很难明确分清，但为了管理需要，仍然要求划分清楚。

重复生产类型往往用倒冲法（Backflush）来计算原材料的使用。所谓倒冲法，是根据已生产的装配件产量，通过展开物料清单，将用于该装配件或子装配件的零部件或原材料数量从库存中冲减掉。它基于通过计算得出的平均值，而不是实际值。重复生产类型需要计划生产的批次，留出适当的间隔，以便对某些设备进行修理。

属于重复生产类型的产品有用于固定物品的装置，如拉链、轮胎、纸制品、绝大多数消费品。

适用于重复生产类型需要的 ERP 系统需要具备如下关键模块或功能：重复生产、倒冲法管理原料、高级库存管理、跟踪管理和 EDI。此外，那些生产健康和安全用品的企业，则有更高的要求，可能需要对原料来源、原料使用、产品的购买者等信息进行全面的跟踪和管理。

5. 批量生产

在批量生产（Batch）类型中，处于生命周期的初始阶段的产品可能会有很大变化。在纯粹离散型生产中，产品是根据物料清单装配处理的，而在批量生产类型中，产品却是根据一组配方（recipe of ingredients）或是原料清单（bill of resources）来制造的。产品的配方可能由于设备、原材料、初始条件等的变化而发生改变。此外，原材料的构成和化学特性可能会有很大的不同，所以得有制造一个产品的一组不同的配方。此外，后续产品的制造方法往往依赖于以前的产品是如何造出来的。在经过多次批量生产之后，可能会转入重复生产类型。

批量生产的典型产品有医药、食品、饮料、油漆。

适合于此类生产类型的 ERP 系统必须具有实验室管理功能，并具备允许产品的制造流程和所用原材料发生变化的能力。关键模块有并发产品（Co-products）、副产品（By-products）、连续生产、配方管理、维护、营销规划、多度量单位、质量和实验室信息管理系统。

6. 连续生产

在连续生产（Continuous）类型中，单一产品的生产永不停止，机器设备一直运转。连续生产的产品一般是企业内部其他工厂的原材料。产品基本没有客户化。

此类产品主要有石化产品、钢铁、初始纸制品。

适合于连续型生产的 ERP 系统的关键模块有并发产品（Co-products）、副产品（By-products）、连续生产、配方管理、维护、多度量单位。

生产类型在一个企业中是相对固定的属性，但也不是一成不变的。在企业产品发展的不同阶段或在不同的管理模式下，生产类型是可以改变的。例如，彩色电视机是由美国人发明的。20 世纪 60 年代中期，美国的电视机生产厂家认为该类产品尚处于成长期，都采用批量生产方式，产品质量主要靠技术工人的熟练技术来保证。到了 20 世纪 60 年代末，从美国引进彩电产品技术的日本，在短时间内就建立了高度自动化的大量生产系统，产品成本大大低于美国，并且产品质量可靠稳定，仅仅几年时间，日本的彩电产品就占了美国和世界彩电市场的大部分销售额。由此可见生产类型选择的重要作用。生产类型选择正确，能适应产品市场的需求性质，就能保证企业经营取得成功；若选择的生成类型与产品市场不相适应，就会导致企业经营的失败。所以，在选择 ERP 产品之前，最好先优化企业的生成类型。

2.1.2 系统的基础数据

通过对 ERP 的学习和了解，我们知道许多大型的跨国公司都开发并实施了自己的 ERP 系统，如美国的通用公司、IBM 公司等。这些企业都有着错综复杂的组织结构，可想而知，它们的 ERP 系统将是多么的庞大和复杂，在如此巨型的公司中成功地实施 ERP 系统并非易事。但无论多么复杂的问题，总会存在着几个主要矛盾。只要找到它们，集中力量加以解决，成功的概率就会提高。在 ERP 系统开发的过程中，有 3 个关键因素直接影响着系统实施的成败：数据、人员和组织管理。这三者的重要性也是有差别的。有人将企业实施管理信息系统根据技术、管理、数据三者的相对重要性说成是："三分技术、七分管理、十二分数据"。可见系统的基础数据在 ERP 系统开发中发挥着至关重要的作用，系统基础数据的完整性、准确性、可靠性的程度将直接影响 ERP 实施的效果。

ERP 系统是管理信息系统的新形式，它将众多独立的管理信息系统进行整合，统一管理，同时将现代的管理思想融入其中，让信息技术更好地为管理服务，更好地为企业的最终目标服务。从这种意义上讲，ERP 系统应该保留有管理信息系统的一些属性。管理信息系统，顾名思义就是对信息的管理。在计算机语言中，一切的信息，如语言、图像、声音等，都被抽象成数据，对信息的管理也就成为对数据的管理。我们通过对这些数据进行加工处理，挖掘它们的潜在价值，通过对数据的分析和汇总来产生新的信息，最终利用它们做出正确的决策或作为优化的依据来指导管理工作。系统的基础数据是一切信息价值体现和管理决策制定的基础。如果输入的数据是不可靠的，那么加工处理后的中间数据也是不可信的，不可能用它做出正确的决策。只有确保系统基础数据的完整性、准确性、可靠性，对数据充分地加以利用，才能体现出信息这一宝贵资源的价值。

ERP 中包含的基础数据非常复杂，一般可分为 3 种：静态数据、动态数据、中间数据。

（1）静态数据

静态数据是指一般不随时间而改变的数据，它反映了企业资源的基本属性，是生产活动开始之前要准备的数据，如物料主数据、物料清单、工作路线、供应链基础资料、客户基础资料、会计科目、固定资产等。静态数据一般比较稳定，可以提前准备，但是我们所处的客观环境是在不断变化的，因此，所谓的静态也是相对的，也就是说，即使是静态数据，也要定期维护，以保持其准确性和时效性。

（2）动态数据

动态数据是指企业生产活动中发生的数据，它一般随时间而改变，用来反映企业资源变化和运动的过程。此类数据一旦建立，就要随时维护，如库存余额、车间在制品余额、总账余额、未结销售订单、未结采购订单等。因此，在描述这些数据时，要指明具体的时间点，即以各模块上线切换点的数据为准，只有这样，才能取到一个确定的值。比如，计划 7 月份物料模块上线，一般以 6 月 30 日库存余额为准。

(3) 中间数据

中间数据是根据用户对管理工作的需要，由计算机系统按照一定的逻辑程序，综合上述初始化数据，经过运算形成各种报表。它是一种经过加工处理的信息，供管理人员掌握生产经营状况、进行分析和决策。如主生产计划和物料需求计划都是根据初始化数据加工处理后生成的中间信息。管理软件功能的强弱，往往体现在它能提供多少有用的中间信息。

这三类数据虽然具有它们自己的定义和属性，但却不是完全独立的，它们之间存在着密切的联系。在一个管理信息系统中，静态和动态数据是输入数据，中间数据是经处理后的输出数据。一项中间数据的生成，需要依据多个部门提供的静态和动态两类数据，这就体现了信息的集成。

ERP 系统的基础数据主要包括以下内容。

1. 物料

(1) 物料的概念

物料，对应的英文术语是 material、item 或 part。物料是企业一切有形的采购、制造和销售对象的总称，如原材料、外购件、外协件、毛坯、零件、组合件、装配件、部件和产品等。物料通过它的基本属性、库存属性、计划属性和采购属性等来描述，通常用物料编码来唯一标识物料。

(2) 物料编码

物料编码（Item Number or Part Number）是某一特定的信息管理系统对物料的唯一标识符。同一种物料无论存放在哪个位置或出现在哪个产品中，它只能以唯一的代码出现。同种物料和物料代码是一一对应的关系。物料编码的唯一性是最基本的要素。为 ERP 系统运行所需的所有物料进行编码是 ERP 最基础的工作。

物料编码采用数字、英文字母（最好统一为大写，但有的 ERP 系统不分大小写）、数字与英文字母混合编码。物料编码中推荐使用的字符为 A～Z、0～9 和连接符（-），禁止使用的字符为分号（;）、逗号（,）和空格（ ），建议不要使用全角字符，如中文、Φ、Ⅱ等。物料编码的长度一般为 6～24 bit。

物料编码可以按照一定的规则编写，通过观察物料编码可以了解有关物料的一些信息。如：每个物料编码的第一位代表该物料所属的大分类信息，编码"058673"第一位的"0"，说明该编码所代表的物料在大分类上属于原材料。物料编码也可以不反映其他物料信息，只是简单的顺序编码，即从 0 开始的流水号。在企业实际管理中，还可考虑采用其他的编码作为物料编码，如条形码、企业的技术零件图号等。手工管理时，管理人员希望见到物料编码时，就能得到有关这个物料的一些主要特征的提示，如规格尺寸等，便于进行管理。但使用计算机管理后，物料编码的功能就是唯一识别这个物料，而不是描述这个物料的任何属性。物料的属性作为重要信息会与物料编码相对应，即物料编码出现的地方会跟随着其对应的名称、规格、材料、图号等，因此物料编码不需要包含太多的属性信息。物料编码的规则可以由企业自行规定，也可参照相关的推荐标准，如 GB 7635—87《全国工农业产品（商品、物资）分类与代码》。

企业在数据准备阶段的一项非常重要的工作就是确定物料编码的编码原则和编码方法。

1）物料编码的功能。物料编码的功能主要有以下几点：

①增强物料资料的正确性。物料的领发、验收、请购、跟催、盘点、储存、记录等一切活动均有物料编码可以查核，确保一物多号、一号多物或物料和编号错乱的现象不再发生。

②提高物料管理的工作效率。物料应该有系统的排列，以物料编码代替文字的记述，物料管理简便省事，效率因此提高。

③有利于电脑的管理。物料管理在物料编码推行之后，才能进一步利用电脑做更有效的处理，以达到物料管理的效果。

④降低物料库存、降低成本。物料编码有利于物料库存量的控制，同时有利于防止呆滞料的产生，并提高物料管理工作的效率，减少资金的积压，降低成本。

⑤防止物料舞弊事件的发生。物料具有编码后，物料记录正确而迅速，物料储存井然有序，可以减少舞弊事件的发生。

⑥便于物料的领用。库存物料均有正确统一的名称及规格编码。对用料部门的领用及物料仓库的发料都十分方便。

2）物料编码的原则。准确高效的物料编码对 ERP 系统的正常实施具有非常重要的作用。一般来说，高效的物料编码必须具备下列基本原则：唯一性、正确性、分类性、扩展性、统一性、不可更改性、重用性和简单性等。

①唯一性。

物料编码的第一个基本原则是唯一性。唯一性是指一个物料编码只能代表一种物料，同一种物料只能有一个物料编码。这是物料编码的最基本的原则，也是物料编码必须遵循的原则。一般地，只要物料的物理或化学性质有变化，只要物料要在仓库中存储，就必须为其指定一个编码。例如，某零件要经过冲压成型、钻孔、喷漆3道工序才能完成。如果该物料的3道工序都在同一车间完成，不更换加工单位，即冲压成型后立即进行钻孔，紧接着进行喷漆，中间没有入库、出库处理，则该物料可取一个代码。如果该物料的3道工序不在同一个车间完成，其顺序是冲压、入库、领料、钻孔、入库、领料、喷漆、入库，则在库存管理中为了区分该物料的3种状态，也可以取不同的物料编码。例如，1000A、1000B、1000C 这3个编码分别表示3种不同加工状态的物料。

②正确性。

正确性表示物料编码应当科学、合理，既遵循信息编码的基本原理，又符合企业的实际情况；既能满足企业自身的需要，又能满足企业合作伙伴的特殊要求；既要符合国家、行业的标准或规定，又应该尽可能地遵守国际通行的惯例。物料编码既不宜过长，也不宜过短，应该尽可能地做到长短适中。在许多情况下，物料编码应当采用折中的方式。

③分类性。

对于那些种类繁多的物料的编码，应该遵循分类性原则。该原则要求物料应该按照规定的标准或规则划分成不同的类别，使同一类物料的编码在某一方面具有相同或相近的性质，这样便于 ERP 系统的管理和检索。例如，10 表示原材料，101 表示黑色金属原材料，103 表示有色金属原材料，1012 表示黑色金属丝材料，1031 表示有色金属丝材料。

④扩展性。

随着企业的发展变化，企业中的物料也会随之发生变化。物料编码不能仅仅考虑企业当前的物料，还应该考虑企业未来发展的需要。物料编码应该有足够的编码资源，以便满足企业不断增长的物料需求。

⑤统一性。

统一性原则有两个方面的含义。第一，企业的所有物料，都尽可能地采用统一的物料编码规则，相同的物料使用同一个编码，同一个编码表示同一种物料，避免发生一物多码或一码多物的现象。第二，整个企业，包括企业的各个分公司、各个职能部门，都使用统一的物料编码规则，以便企业内部之间的物料信息共享和物料调度。

⑥不可更改性。

物料编码是企业数字化管理的基础，是 ERP 系统中各种数据和信息的最主要标识和特征，是企业最重要的规章制度之一。鉴于物料编码的重要性，物料编码确定之后，一般不允许改变。如果频繁地修改物料编码规则，可能引起企业物料管理的混乱，最终导致整个企业经营处于无序状态。

⑦重用性。

为了避免同一种物料有不同的编码，物料编码应当采用特征值的方式。例如，在编码产品零部件、工装夹具时，不宜使用自然序号、产品所属号等方式，而应该依据零部件结构特征、工装夹具结构特征来编码，这样容易做到相同结构的零部件、工装夹具有相同的编码，类似结构的零部件、工装夹具有类似的编码，不同结构的零部件、工装夹具有不同的编码。在这种方式下，当为某个新零部件、工装夹具编写编码时，很容易发现这种结构的零部件、工装夹具是否存在，从根本上解决一物多码、一码多物现象。这种重用以前知识、经验和成果的现象被称为重用性原则。

⑧简单性。

物料编码的最终目的是更好地管理物料。即使是使用计算机管理物料，这种管理方式也仍然缺少不了企业员工的参与。因此，物料编码不宜过于复杂，应该在满足其他原则的基础上，尽可能简单明了，使其容易识别和使用，这样可以避免物料编码为企业带来的剧烈动荡。

（3）物料属性

物料属性描述物料的主要特征，也是采用量化方式管理物料的手段。物料属性值的设置，不仅是基础数据采集的工作，还是确定或明确企业管理方式的方式。在 ERP 系统中，物料属性的数量过少或过多都不好。如果物料属性的数量过少，那么该系统很难完整准确地描述物料的参数、属性和管理方式等。如果物料属性数量过多，那么该 ERP 系统的适用范围比较广，但是会增加某个具体企业数据采集的难度，影响该 ERP 系统的推广。因此，ERP 系统应该按照行业范围进行细分，在行业细分的基础上，增加物料属性的数量。

在 ERP 系统中，物料数据主要存储在物料主文件中，该文件集中反映了物料的各种属性信息。一般地，物料属性可以分为基本属性、采购和库存属性、计划属性、销售属性、财务属性、质量属性及成本属性等大类。

1）物料的基本属性。

物料的基本属性用于描述物料的设计特征，这些属性主要包括物料编码、物料名称、物料类型编码、物料类型名称、设计图号、设计版次、生效日期、失效日期、品种规格（牌号、技术规格、技术条件和技术状态）、默认计量单位、单位重量、重量单位、单位体积和体积单位等。

物料编码和物料名称都是物料的标识，物料编码用于唯一性标识物料，而物料名称用于物料的辅助识别。

物料类型编码和物料类型名称主要是用于物料的统计分析。根据企业的实际情况，物料类型编码还可以进一步细分为原材料、辅助材料、办公用品、劳保用品、毛坯、零件、部件和是否计入成本等编码类型。物料类型编码也可以通过库存会计科目、销售会计科目和销退会计科目等形式设置。

设计图号是在产品设计、工艺设计时按照企业编码方式给定的图纸文档号码。在手工管理时，很多企业使用该图号作为物料的编码。物料的设计图号与物料编码是否相同、是否关联及如何关联，由企业的编码规则来规定。

物料图纸文档的修改由设计版次、生效日期和失效日期等属性来描述。设计图号和设计版次两个属性准确地描述了物料的技术信息。生效日期用于记录图纸文档的批准日期，失效日期根据该物料图纸文档的有效期限来确定。

品种规格属性描述物料的品牌、规格等信息。有些企业对物料的要求比较简单，物料往往只有品名规格就可以了，例如 IN4005/DIP 二极管、45 号钢。但是，有些企业，对物料的要求比较严格，物料不仅要标注牌号、规格，还要标注技术条件、技术状态，例如钢材的牌号是 45、技术规格是 $\phi 26$、技术条件是 GB 699—99、技术状态是热轧等。因此，在很多情况下，单有品种规格属性是不够的，还应该增加相应的属性，或者采取折中方式，把牌号、技术规格、技术条件和技术状态都输入品种规格属性中。但是，这种方式的缺点是影响对技术规格、技术条件和技术状态等单个条件检索的效率。

物料的计量单位也是一个比较复杂的问题。第一，一个企业往往使用许多不同的计量单位，例如吨、米、桶、卷、盒、箱、个、本、件、台和架等。第二，为了管理上的便利，同一种物料也往往采用多个不同的计量单位，例如商业企业中食品的箱和袋、制造企业中钢材的吨和千克等。当同一种物料使用不同的计量单位时，这些计量单位之间应该有换算关系。在 ERP 系统中，默认计量单位、库存计量单位、采购计量单位和销售计量单位等属性反映了这种管理状况。

单位重量、重量单位、单位体积和体积单位等属性用于描述物料本身的重量、体积等结构特征。该属性的重要性与企业的物料性质密切关联。例如，如果企业生产航天飞机的零部件，那么该零部件的重量和体积都是非常重要的技术性能指标，但是如果该企业生产拖拉机用的零部件，那么该零部件的重量和体积的重要性就大打折扣了。

2）物料的采购和库存属性。

物料的采购和库存属性主要描述与采购、库存管理有关的信息，这些属性包括物料制购类型、默认仓库、默认库位、物料条形码、是否可用、ABC 码、盘点方式、循环盘点编码、盘点周期、盘点日期、是否批次管理、批次号、批次有效天数、批次检测周期、最新入库日期、最新入库量、最后出库日期、最新出库量、最新检测日期、最新检测结果、是否单件管理、是否限额领料、是否允许超采购订单入库、现有库存量、最大库存量、安全库存量、物料平均日耗量、库存金额、是否进价控制、物料计划单价、进价上限率、默认供应商和在供方使用的编码等。

物料制购类型包括自制件和采购件等。自制件类型的零部件等物料由企业自己加工生产，纳入生产作业计划。采购件类型的零部件等物料通过对外采购的方式获得，纳入采购作业计划。这是非常重要的属性，该属性值将对企业的生产安排产生巨大的影响。

一个企业可以有多个性质不同的仓库，以便存储不同的物料。常见的仓库类型包括原材料仓库、成品仓库、半成品仓库、不合格品仓库、现场仓库、委外仓库、呆滞料仓库和报废仓库等。每一个仓库都按照一定的方式分割成多个不同的库位。为了方便起见，每一个物料，都应该有一个默认的仓库和默认的库位，以便快速、准确地确定物料的存储位置。此外，物料的默认仓库和默认库位可以根据实际情况而改变。

如果公司物料管理方面采用了条形码管理，那么可以在物料条形码属性中存储该物料的条形码数据。条形码是否与物料编码相同或关联，由公司的编码规则确定。

是否可用属性主要是用于标识当禁止该物料使用时，该物料不能参加 ERP 系统的 MRP 运算。企业在特殊情况下，例如某个物料存在严重的质量问题时，其可以作为一项紧急措施采用。在默认情况下，这种物料是可以正常使用的。

ABC 分类是库存管理的一种常用方法，其按照占用资金来划分物料的重要程度，以便对不同类别的物料采用不同的管理措施。一般地，A 类物料占用库存的资金很大，占 60～70%，品种约占 20%；B 类物料占用库存资金大约 20%，品种约占 30%；C 类物料约占库存资金 10%，品种约占 50%。对不同类别的物料可以采用不同的循环盘点周期，A 类物料的循环盘点周期短，且严格按照盘点周期进行盘点，并且制定不定期检验制度，密切监控这类物料的使用和保管情况，应该尽量减少 A 类物料的库存量，采取合理的订货政策。C 类物料的盘点周期可以适当延长。ABC 码既可以自动生成，也可以手工修改。

库存盘点是对每一种库存物料进行数量清点、质量检查和盘点表登记，且对盘盈盘亏数量进行物料账面调整，达到物料账物相符目标的管理过程。盘点方式属性用于描述仓库中该物料采用的具体盘点方式。常见的盘点方式包括随机盘点、定期盘点、周期盘点、循环盘点和冻结盘点等。随机盘点是根据生产和管理需要随时进行盘点，适用于重要的、变动比较频繁的物料。定期盘点按照指定的日期进行盘点，适用于那些不太重要的、数量变化不大的物料，由盘点日期属性指定盘点的操作日期。一般的物料可以采用周期盘点方式，盘点周期可以是日、周、旬、月和季等。如果企业的物料很多，那么可以采用循环盘点的方式。

循环盘点编码。假设某个公司有 10 000 种物料，要分别于每周六进行盘点。那么可针对这些物料进行循环盘点编码的规划。例如，如果每周可以盘 2 500 件，可定义 A、B、C 和 D 4 个盘点编码，属于第一周要盘点的物料，则盘点编码为 A，最后一周要盘点的物料，其盘点编码为 D。

批次管理也是生产管理的一种重要手段。当某个物料有存储有效期限制时，或需要对该物料的每一批物料进行跟踪控制时，可以采用批次管理功能。对于某一个物料编码来说，一旦需要对这个物料的每一批都进行跟踪和控制，为该物料的这一批次增加批次号，则这一批次物料的所有活动都与该批次号相关。是否批次管理、批次有效天数、批次检测周期、最新入库日期、最后出库日期、最新检测日期和最新检测结果等属性用于描述物料的批次管理内容。

在企业中，对于价格高昂、性能重要的物料，例如价格高昂的原材料、产品和零部件，常常采用单件管理的方式。如果某个物料需要采用单件管理，那么该物料除了物料编码之外，还应该为其中的每一件都赋予一个单件序号，该单件物料的所有活动例如入库、出库、盘点、质检和维修等都与该单件序号有关。是否单件管理属性用于描述物料需要单件管理的性质。

为了加强某种物料的管理，严格按照生产作业计划和生产订单领料，可以对该物料设置限额领料控制标志，该标志由是否限额领料属性设置。

是否允许超采购订单入库属性用于描述某种物料是否允许超采购订单入库。如果没有设置该属性，则当采购数量大于采购订单的数量时，不允许多余的数量入库。这样可以防止和限制该物料的库存量。

为了分析物料库存、加强物料库存数量的控制，可以通过现有库存量、最大库存量、安全库存量、物料平均日耗量和库存金额等属性实现这些管理目标。如果现有库存量属性低于安全库存量属性，那么表示该物料库存缺乏；如果物料的现有库存量属性大于最大库存量，那么表示该物料积压现象严重。物料平均日耗量属性用于描述物料的消耗速度，可用于确定物料的订货点数量。库存金额属性可以用于物料的成本核算。

是否进价控制、物料计划单价和进价上限率属性用于描述是否对采购的物料执行价格上限管理。如果执行价格上限管理，那么表示超过这种价格的物料是不准采购的，即使采购到货了，也无法按照正常方式录入 ERP 系统中。这种管理方式有助于降低物料的采购成本。

默认供应商、在供方使用的编码等属性主要用于自动生成物料采购订单中的供应商、供方的物料编码等数据。这些属性值可以根据供应商的变化进行调整。

3）物料的计划类属性。

物料的计划类属性主要描述与生产计划管理相关的信息，这些信息包括确定物料需求的方式和物料需求的各种期量数据。例如，是否独立需求、补货政策、补货周期、订货点、订货批量、采购或加工提前期、生产已分配量、销售已分配量、不可用量、库存可用量、批量政策、批量周期、默认工艺路线编码、默认工艺路线名称、是否可以替换、可替换物料编码以及是否虚拟件等。

如果一个物料的需求与其他物料的需求无关，则这个物料的需求叫独立需求。例如最终产品的需求、用于进行破坏性测试的零部件需求和随机备件需求等。相关需求是直接与其他项目或者最终产品的物料清单结构有关的需求。这个需求是通过计算得来的，不是预测值。一个库存项目可以包括相关需求和独立需求。如果是独立需求，则可以纳入 MPS 中计算，否则是相关需求，只能根据 MRP 进行计算。

补货政策表示补充物料的方法。在 ERP 系统中，常用的两种补货政策是按订货点补货和按需求补货。按订货点补货政策的含义是，这种物料的采购需求，可直接由库存存货量来判定。当库存存货量小于补货点时，就必须发出请购单或执行采购行为，采购量应等于经济批量与补货倍量的最小联集。按需求补货政策的含义是，此类物料的生产及采购来自订单需求（或计划生产订单）。有订单时，先检查物料的库存数量及在途各种有效的可用量，确实无法在指定的时间点满足需求时，才通过 MRP 来生成补货计划。

补货周期表示两次补货日期之间的期限。通常的补货周期包括日、周、旬、半月、月、季和年。对于那些市场供应比较充分、采购容易且使用频繁的物料，可以使用比较短的补货周期，以便适应市场的变化；对于那些特殊物料，例如只能指定特定的供应商为自己生产、订货周期比较长的物料，可以采用比较长的补货周期。

在制订某个物料的生产计划时，不仅要考虑现有库存量，而且应该考虑现有库存量中哪些数量是可以使用的，哪些数量是不可使用的。已分配量表示已经分配但是尚未从仓库中提走的数量，这些量需要从当前库存中扣减。例如，对于独立需求物料来说，销售出库单已经下达，生成提货单，这一部分物料被称为销售已分配量。对于非独立需求的物料来说，其父项物料的生产订单已经下达，形成了对子项物料的占用，这一部分子项物料不能再用到其他地方，这一部分物料被称为生产已分配量。不可用量表示因为质量、转移等原因造成库存中该物料不能正常使用的一部分数量，库存可用量则表示可以参与生产计划计算的库存数量。

在物料生产计划编制中，离不开期量标准。期表示物料的采购或加工提前期，而量则包括批量政策、订货批量等数据。由于在实际的生产或采购过程中，物料必须按照一定的数量纳入生产或采购过程中，通过计算得到的净需求量往往与实际生产的数量或采购的数量不同，因此实际净需求量的确定必须达到某种数量，这种数量就是生产批量或订货批量。批量过大过小都不合适。如果批量过大，虽然单位物料的加工费用或采购费用减少，但是物料本身占用的流动资金过大；如果批量过小，虽然物料本身占用的流动资金减少，但是单位物料的加工费用或采购费用却增加了。批量政策是确定物料批量大小的方法。常见的批量政策包括直接批量法、固定批量法、固定周期法、最大批量法、最小批量法、倍数批量法和经济批量法等。

①直接批量法：使用计划的需求量作为生产加工量或采购订货量。该政策一般用于价值比较高的物料。

②固定批量法：无论物料的计划量多大，都按照某个固定值下达生产加工量或采购订货量。该政策一般用于加工费用或订货费用较大的物料。该政策需要增加描述其固定批量的属性。

③固定周期法：是指加工或采购周期相同，但是生产加工量或采购订货量不一定相同的批量计算方法。该政策需要增加描述其固定周期的属性。

④最大批量法：当计算得到的计划数量大于此批量时，系统自动按照该最大批量下达计划数量。该政策需要指定最大批量值。

⑤最小批量法：当计算得到的计划数量小于此批量时，系统自动按照该最小批量下达计划数量。该政策需要指定最小批量值。

⑥倍数批量法：当计算得到的计划数量小于此批量时，系统自动按照该批量下达计划数量；当计算得到的计划数量大于此批量时，系统自动按照该批量的倍数下达计划数量。该政策需要指定倍数批量值。

⑦经济批量法：指某种物料的订货费用和保管费用之和为最低时的物料最佳批量法。该方法适用于需求连续、库存消耗稳定的物料。该政策需要增加描述经济批量的属性。

直接批量法、固定批量法和固定周期法的示例分别见表 2-1～表 2-3。

表2-1 直接批量法

月次	1	2	3	4	5	6	7	8	9	10	11	12
净需求量	20	30	0	35	20	15	5	0	10	30	20	5
下达批量	20	30	0	35	20	15	5	0	10	30	20	5
期末剩余	0	0	0	0	0	0	0	0	0	0	0	0

表2-2 固定批量法

月次	1	2	3	4	5	6	7	8	9	10	11	12
净需求量	20	30	0	35	20	15	5	0	10	30	20	5
下达批量	30	30	0	30	30	0	30	0	0	30	30	0
期末剩余	10	10	10	5	15	15	25	25	15	15	25	20

表2-3 固定周期法

月次	1	2	3	4	5	6	7	8	9	10	11	12
净需求量	20	30	0	35	20	15	5	0	10	30	20	5
下达批量	85	0	0	0	40	0	0	0	65	0	0	0
期末剩余	65	35	35	0	20	5	0	0	55	25	5	0

对于将要加工的零部件、将要装配的产成品来说，可以使用其工艺路线确定其累计提前期。物料的工艺路线可以由默认工艺路线编码、默认的工艺路线名称等属性来指定。

在制订生产作业计划时，如果某个物料的库存可用量不足，是否可以使用其他物料代替呢？这是公司物料管理的一个重要政策。如果允许代替，则应该明确指定允许哪一种物料来代替；如果不允许，那么也要明确指定。这项物料管理政策可以由是否可以替换、可替换物料编码两个属性来完成。替换物料应该可以满足被替换物料的性能和质量，在此基础上，应该尽可能降低物料成本。

4）物料的销售属性。

物料的销售类属性主要描述与物料销售有关的信息，包括销售价格、销售人员和销售类型等内容。例如，销售计划价格、计价货币、折扣率、是否售价控制、销价下限率、销售成本科目、佣金、销售人员编码、默认的客户编码及物料在买方使用的编码等。

物料的销售计划价格也是该物料的对外报价。对于采用多币种的企业来说，应该明确指定某个具体物料使用的默认计价货币。在默认情况下，采用该企业的本位币。折扣率也是企业定价策略中的一项重要内容。对于大批量客户、老客户，可以提高产品销售的折扣率。

如果希望对物料的销售价格进行严格控制，可以设置是否售价控制属性。与该属性相关的销价下限率用于检查某一个销售订单中的物料实际价格是否满足这里指定的下限率。如果不满足指定的销售价格限制条件，则销售交易不能成功。

销售成本属性的主要作用是明确该种物料销售的成本科目归属，一方面有利于成本核算,另一方面有利于销售分析。

佣金和销售人员编码是促销策略中的重要内容。如何确定物料销售佣金、是否设置某种物料(产品)的销售人员,与整个企业的营销政策密切相关。

默认的客户编码、物料在买方使用的编码等属性有助于 ERP 系统自动生成销售订单中对应的内容。这些属性的设置适用于客户比较固定的产品。

5)物料的财务属性。

物料的财务属性是会计核算、成本分析、财务控制和经济效益评价的重要基础数据。在物料的财务属性中,除了财务类别、记账本位币、会计科目和增值税代码等通用属性之外,更重要的是确定企业的成本费用结构、存货计价方法、成本计算方法及成本计算体系等。

企业的生产经营成本费用包括产品成本和经营费用。其中,经营费用也被称为期间费用,由管理费用、销售费用和财务费用组成。产品成本也被称为生产成本或制造成本,包括直接材料费用、直接人工费用、变动制造费用和固定制造费用,其结构示意图如图 2-1 所示。

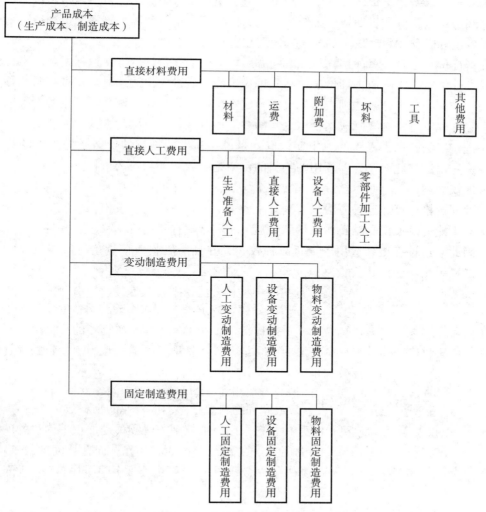

图 2-1 产品成本结构示意图

在直接材料费用中，材料是指构成产品实体原材料、有助于产品构成的辅助材料等；运费是指物料采购、内部转移时发生的费用；附加费是指在物料采购、内部转移时发生的保险费、差旅费和手续费等；坏料包括生产过程中因操作不当而产生的坏料等；工具包括生产过程中消耗的工具性物料等；其他费用包括物料采购、内部转移时发生的关税等费用。

直接人工费用是指将材料变成产品的人工费用。其中，生产准备人工费用是指为加工所做的诸如准备图纸、工装和调试设备等准备工作而发生的成本；直接人工费用是指以手工业为主作业的人工成本；设备人工费用是操作机器设备发生的人工费用；有些企业使用零部件加工人工费用代替直接人工费用和设备人工费用。

制造费用包括变动制造费用和固定制造费用。变动制造费用是指随业务量成正比例变动的费用，其中人工变动制造费用是由人派生的变动制造费用；设备变动制造费用是指由机器设备派生的变动制造费用，例如动力费、机器维修费等；物料变动制造费用是指在接收、发出和转移物料时发生的相关变动费用。固定制造费用是指不随业务量增减而增减的费用，其中人工固定制造费用是指由人派生的固定制造费用；设备固定制造费用是指由机器设备派生的固定制造费用，例如折旧费、维修保养费、保险费和租赁费等；物料固定制造费用是指在接收、发出和转移物料时发生的相关固定费用。

存货计价方法是计算库存物料成本的方法。常用的存货计价方法包括实际成本计价法和标准成本计价法。实际成本计价法包括先进先出法、后进先出法、月加权平均法和移动加权平均法等。标准成本计价法则表示无论实际成本价格如何变化，都采用预定的标准成本价格计价。标准成本价格与实际成本价格之间的差异通过调整和分摊的方式解决。

先进先出法表示先入库的先出库，也就是说，领用的物料的价格是先入库的物料的价格。后进先出法与此相反，即领用的物料的价格是后入库的物料的价格。

月加权平均法，也叫做全月一次加权平均法，月末才能进行单价计算，发出的物料成本按照月平均价格计算。这种方法只有到月末或下个月初才能确定发出存货成本和结转存货成本，平时不能提供发出和结转的单价和金额，不利于对存货的日常管理，并且期末核算工作量大。因此，这种方法只适用于存货品种较少，并且前后收入存货单位成本较大的企业采用。月加权平均法的计算公式是：

$$月加权平均成本 = \frac{月初库存物料金额 + 本月入库的物料金额}{月初库存物料数量 + 本月入库的物料数量}$$

在移动加权平均法中，每当入库一批物料时，就重新计算一次物料的存货单位成本。与月加权平均法相比，移动加权平均法的计算量大，但是更能准确反映当前物料的存货成本趋势。移动加权平均法的计算公式是：

$$移动加权平均成本 = \frac{最近库存物料金额 + 本次入库的物料金额}{最近库存物料数量 + 本次入库的物料数量}$$

表2-4和表2-5分别列出了某种物料采用月加权平均法和移动加权平均法的库存变动状态。在月加权平均法下，该物料的期末存货金额是1 235.00元；而在移动加权平均法下，期末存货金额是1 238.16元。这两种存货金额的差异是由于采用不同的存货计价方法造成的。

表 2-4　物料库存变动表（月加权平均法）

物料编码：5387　　物料名称：镀锌钢板

日期	描述	数量	单据单价	单据金额	存货单价	本期金额	存货数量	存货金额
20180601	上月结转	200					200	2 000.00
20180601	采购入库	100	8.00	800.00	8.00	800.00	300	2 800.00
20180605	销售出库	50	12.00	600.00	9.50	-475.00	250	2 325.00
20180616	采购入库	100	10.00	1 000.00	10.00	1 000.00	330	3 325.00
20180630	销售出库	220	15.00	3 300.00	9.50	-2 090.00	130	1 235.00
20180701	上月结转	130					130	1 235.00

表 2-5　物料库存变动表（移动加权平均法）

物料编码：5387　　物料名称：镀锌钢板

日期	描述	数量	单据单价	单据金额	存货单价	本期金额	存货数量	存货金额
20180601	上月结转	200					200	2 000.00
20180601	采购入库	100	8.00	800.00	8.00	800.00	300	2 800.00
20180605	销售出库	50	12.00	600.00	9.33	-466.50	250	2 333.50
20180616	采购入库	100	10.00	1 000.00	9.00	1 000.00	330	3 333.50
20180630	销售出库	220	15.00	3 300.00	9.52	-2 095.34	130	1 238.16
20180701	上月结转	130					130	1 238.16

成本计算方法与存货计价方法不同。存货计价方法计算仓库的物料成本，即物料的入库、出库和存储成本。成本计算方法计算生产过程的半成品、产成品生产成本。但是，这两种方法又是有关联的，不同的存货计价方法计算出的发料成本不同，半成品、产成品的成本也会因此不相同。

常用的成本计算方法包括品种法、分批法和分步法等。品种法是按照产成品品种计算产成品成本的一种计算方法；分批法是按照产品批次归集生产费用、计算产品成本的一种方法；分步法则是按照生产步骤逐步计算成本的一种方法。品种法只是计算产成品的成本，而分步法不仅计算产成品的成本，还计算半成品的成本。

成本计算方法和存货计价方法共同构成了企业的成本计算体系。常用的成本计算体系包括实际成本计算体系和标准成本计算体系。成本计算体系的结构示意图如图 2-2 所示。

6）物料的质量属性。

物料的质量信息由质量属性来描述，这些属性主要包括是否检验标志、检验标准文件、检验方式、检验水准分类、检验水准等级、检验程度、是否设置存储期限、存储期限和检验工时等。

是否检验标志的设置应该根据企业的具体情况而定。一般情况下，应该对物料设置检验标志，确保该物料在整个生产过程中的质量。特殊情况下，例如，零部件的整个加工、装配

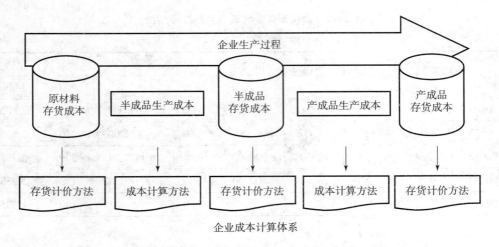

图 2-2 成本计算体系的结构示意图

过程可以确保零部件的质量,那么可以设置不检验标志。

检验标准文件应该明确规定:检验流程;检验手段、抽样方式和检验结果判断方式;合格品和不合格品;不合格品的处理方式等。检验标准文件是企业质量管理体系中的重要组成部分。

检验方式主要包括全数检验和抽样检验。全数检验适用的范围是:批量比较小、单件产品检验时间比较短、单件产品检验费用比较低、不允许不合格品存在、检验项目比较少及制造能力不足等。抽样检验的适用范围:批量比较大、检验项目比较多、单件产品检验时间比较长、单件产品检验费用比较高、可以允许某种程度不合格品存在及破坏性检验等。如果是抽样检验,还需要设置检验水准分类、检验水准等级和检验程度等属性。检验水准用于确定送验件数与样本大小之间的关系,可以分为一般检验水准和特殊检验水准。每一种检验水准都有不同的检验水准等级。对于检验项目的多少,可以采取检验程度属性来控制。检验程度一般可以分为正常、严格和减量三级。

是否设置存储期限、存储期限等属性主要用于描述物料的质量是否会因为期限过长而发生某种变化。对于重要的、质量要求比较严格的物料,应该设置这些属性。

检验工时属性主要用于定额管理、作业计划制订和成本分析等。如果某种物料的检验时间比较长,则必须作为一个工序来管理。根据企业的具体情况决定是否设置该属性的值及如何设置该属性的值。

(4) 物料类别

根据物料的基本性质和产生状态,金蝶 K/3 系统将物料大致分为自制、外购、委外加工、虚拟件、规划类、配置类、特征类七种。

1) 自制。

自制是指该物料是企业自己生产制造出的产成品。在金蝶 K/3 系统中,如果是自制件,可以进行 BOM 设置。在 BOM 中,可以设置为父项,也可以设置为子项。

2) 外购。

外购指由于生产产品、提供维护等原因而从供应商处取得的物料，可以作为原材料来生产产品，也可以直接用于销售。在 BOM 设置中，不可以作为父项存在。

3）委外加工。

委外加工指该物料需要委托其他单位进行生产加工的物料，一般情况下，其处理类似于自制件。

4）虚拟件。

虚拟件表示一种并不存在的物品，图纸上与加工过程都不出现，属于"虚构"的物品，它通常是由一组具体物料（实件）组成的，以虚拟形式存在的成套件。其作用只是达到一定的管理目的，如组合采购、组合存储、组合发料。比如家具生产行业中，销售的产品为桌子，而实际发出的是拼装成桌子的桌面、桌腿、零件等实件，此时这个"桌子"实际上就是一种虚拟件。

在图 2-3 中，D、E、F 出现在不同分支，将 D、E、F 定义成一个零件 V，V 即为虚拟件，它与一般的母件不同，它实际上是一个并不存在的物品，只是为了达到一定的管理目的而人为设置的。虚拟件的引用对生产和管理有着非常重要的意义。

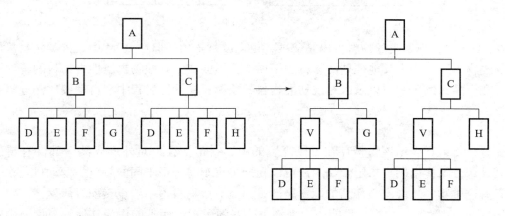

图 2-3 虚拟件

①方便物料管理和日常查询。

在企业物料管理的过程中，D、E、F 分别有不同的物料编码，有各自的库存记录，但这 3 种物料总是按照一定的比例投入生产。为保证生产的正常进行，管理人员需要分别查询 3 种物料的库存数量是否满足生产需要。当虚拟件这一概念被引入后，管理人员只需通过计算机对虚拟件进行操作，即可完成组合采购、组合存储、组合发料等业务。但需要注意的是，虽然可以在计算机中记录虚拟件的库存量和金额，但不可将它作为库存核算的对象。

②简化产品物料清单。

计算机对物料清单的管理是通过对二维表的管理实现的。若没有引入虚拟件的概念，当 3 种物料的比例发生改变时，必须逐一修改每一个用到该组合的产品物料清单，而有了虚拟件后，无论如何改变虚拟件的组成和比例，都不需要对包含该虚拟件的物料清单主表进行任何修改。虚拟件越多地出现在产品中，这种优势就会变得越明显。

虚拟件不是一个实际存在的物料,它不具有一般物料的属性。虽然可以把它当作一个单独的个体来查询库存量,但并不能在仓库中找出虚拟件这一物料。同样,虚拟件的产生并不需要对物料进行加工,当然也就不需要制造时间了,所以,在制订物料需求计划时,只需将虚拟件的结构展开,在安排生产时间时,生成虚拟件所耗费的时间应取零。

5)规划类。

规划类是针对同一类产品定义的,为预测方便而设的,需要在预测时按类进行计划的一类物料。也就是说,规划类物料由普通物料组成,只是用于产品的预测,它不是具体的产品,而是产品类。规划类物料清单定义了该物料下产品的生产百分比。

在图2-4中,自行车就是一个规划类,它实际上是由60%的男士自行车和40%的女式自行车组成的。

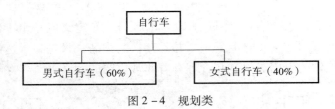

图2-4 规划类

在BOM中,规划类的物料可以是父项,也可以是子项,但在BOM中,该类物料只能挂在规划类物料下,作为其他规划类物料的子项,而不能作为其他物料属性中物料的子项进行定义。在产品预测单中可以录入对规划类物料的预测,在计算过程中会自动按比例分解到具体的物料。

6)配置类。

配置类物料,表示该物料存在可以配置的项,它是指客户对外形或某个部件有特殊要求,其某部分结构由用户指定。如用户可以在购买汽车时选择不同的颜色、发动机功率。

只有这类物料才能定义产品的配置属性,其他类型物料均不能定义配置属性。

另外,"配置类"的物料只能作为规划类物料的子项,而不能作为其他物料属性中物料的子项进行定义。如果某物料被定义为"配置类"物料属性,则将其强制进行业务批次管理,并在销售订单上确定客户的产品配置。

7)特征类。

特征类物料与配置类物料配合使用,表示可配置的项的特征,不是实际的物料。在BOM中,只能是配置类物料下级。特征类物料的下级才是真正由用户选择的物料。如显示器作为特征件,显示器本身不是实际的物料,表示显示器的种类是可以由用户选择的,其下级可能是三星显示器、飞利浦显示器,这才是实际的物料。如汽车的颜色作为特征件,颜色本身不是实际的物料,表示颜色可由用户选择,其下级可能是黄色、黑色,这才是实际的物料。

此外,特征类物料需要定义其下属特征件组及其用量、百分比关系,并只能作为配置类物料的子项进行定义。

在表2-6中更好地描述了不同物料类别之间的关系和区别。

表 2-6 不同物料类别间的区别

物料属性	性质	业务控制	BOM 控制	成本核算
自制	实件	不控制	不控制	核算成本
外购	实件	不控制	不能作为父项	核算成本
委外加工	实件	不控制	不控制	核算成本
虚拟件	虚拟形式的成套件	不控制	不能作为最明细级子项	不核算成本
规划类	在预测时按类进行计划,虚拟形式	只允许在计划管理系统的产品预测单中处理	作为子项时,只能作为其他规划类物料的子项	不核算成本
配置类	专指客户对外形或某个部件有特殊要求的实物	强制采用业务批次管理,并在销售订单上确定客户产品配置	唯一可以定义产品配置属性,并只能作为规划类物料的子项定义	核算成本
特征类	一组必选物料的总称,虚拟形式	禁止在所有单据中处理	作为子项时,只能作为配置类物料的子项	不核算成本

2. 物料清单

(1) 物料清单的定义

物料清单 (Bill Of Material, BOM) 是记录企业物料之间的层次及数量关系的,可供计算机识别的完整的产品结构表。在系统中,通用零部组件与其下层物料之间的关系只需定义一次,系统即可构造出每个产品完整的产品结构树。采用计算机辅助企业生产管理,首先要使计算机能够读出企业所制造的产品构成和所有要涉及的物料。为了便于计算机识别,必须把用图示表达的产品结构转化成某种数据格式,这种以数据格式来描述产品结构的文件就是物料清单,即 BOM。BOM 是定义产品结构的技术文件,也被称为产品结构表或产品明细表,因为 BOM 是一种树形结构,又被称为产品结构树。在某些工业领域,被称为"配方""要素表"或其他名称。

图 2-5 和表 2-7 列举了常见的产品结构图和计算机中存储的物料清单。

物料清单主要用来描述最终产品及各组件的组成情况,它表明了各个零件之间的结构关系及生产该产品所需各零件的数量。它是 ERP 系统的重要基础数据,它所蕴含的数据之间的层次关系可以作为很多功能模块设计的基础,使其成为其他 ERP 系统的重要输入信息。可见物料清单在 ERP 系统中具有非常重要的作用。

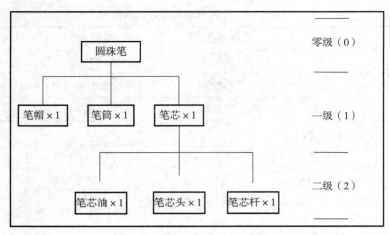

图 2-5 产品结构图

表 2-7 物料清单

层次	母件代码	子件代码	子件名称	计量单位	数量
0		P01	圆珠笔	支	1
1	P01	M01	笔帽	个	1
1	P01	T01	笔筒	个	1
1	P01	X01	笔芯	支	1
2	X01	XY02	笔芯油	毫升	1
2	X01	XT03	笔芯头	个	1
2	X01	XG04	笔芯杆	个	1

物料清单的作用主要表现在如下方面:

①BOM 是 ERP 系统识别各个物料的工具。

②BOM 是 MRP 运行的最重要的基础数据之一,是 MPS 转变成 MRP 的关键环节。

③各个物料的工艺路线,通过 BOM,可以生成最终产品项目的工艺路线。

④BOM 是物料采购的依据。

⑤BOM 是零组件外协加工的依据。

⑥BOM 是仓库进行原材料、零组件配套的依据。

⑦BOM 是加工领料的依据。

⑧BOM 包含各个项目的成本信息,是成本计算的重要依据。

⑨BOM 是制定产品销售价格的基础。

⑩BOM 是质量管理中从最终产品追溯零件、组件和原材料的工具。

图 2-6 表明了物料清单的作用,以及它和其他系统的关系。

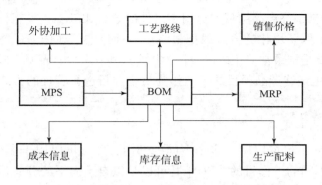

图 2-6 物料清单作用，以及它和其他系统的关系

物料清单是 ERP 的重要基础数据，它的变动直接影响到系统其他相关信息的改变，所以一般情况下它不随时间而改变，属于静态数据，具有相对的稳定性。但是随着市场竞争的日益激烈，产品的更新换代日益频繁，为了适应市场的需求，有些企业必须及时调整产品的物料组成结构，以提高产品性能。这些企业需要不断地修改物料清单，以适应生产管理的需求。因此，根据实际的使用环境，灵活地设计合理且有效的物料清单显得十分重要。有时需要在系统中设置一系列用来管理系统的模块，负责系统基础数据的维护。由此可见，理论知识固然重要，但在系统实施时，还要兼顾企业生产的实际情况，一切要以最大限度满足企业生产管理需求为最终目的。

在企业中，尤其是生产高科技产品的企业中，产品的物料清单不仅是企业的技术资料，甚至是商业机密，对物料清单加密管理的有效与否会影响到企业的安危。所以，在进行系统设计的时候，一定不能忘记对物料清单信息进行加密，对数据的操作权限甚至要细致到对字段的控制。

（2）BOM 的种类

一般地，根据 BOM 在产品设计制造中的用途和包含的信息，可以分为 4 种类型，即工程设计 BOM、工艺规划 BOM、生产制造 BOM 和成本 BOM。

工程设计 BOM 是产品设计人员的设计输出结果，是企业重要的基础技术文档之一，它完整地描述了产品和零组件之间的结构关系和组装数量。它是企业展开各项工作的起源，也是企业各项工作的目标。

工艺规划 BOM 建立在工程设计 BOM 的基础上，是综合考虑企业现有生产能力后增加各种工艺参数后的工作成果，是实现工程设计 BOM 的一种可操作的工艺技术文档。与工程设计 BOM 相比，工艺规划 BOM 中增加的数据包括原材料、辅料、加工方法、加工设备工具和加工顺序等。

生产制造 BOM 是在工艺规划 BOM 的基础上，增加了原辅材料的用料定额，确定了原材料、零组件的采购、外协、加工和装配的提前期，从而可以生成、管理和控制业务计划。

成本 BOM 是指在 BOM 中包括了材料费用、人工费用和制造费用等标准成本数据，则该 BOM 可以用来进行成本核算，该 BOM 也被称为成本 BOM。

除了上面的 BOM 类型之外，BOM 还可以有其他类型。例如，如果在 BOM 中包括了零组件的各个选用件,那么该 BOM 也可以称为选用 BOM。

在 BOM 中,如果最终产品项目的通用零组件的数量比较多,零组件之间的排列组合就会特别复杂,可以采取模块化的方式或把最终产品项目的子项作为最终项目进行管理的方式。模块化的方式就是把最常使用的组合作为一个模块在各个产品项目中调用,该模块也被称为模块化 BOM。把最终产品项目的子项作为最终项目进行管理的方式适用于计划预测或装配式生产方式。

(3) BOM 的输出格式

在企业中,BOM 不仅可以用于多个不同的部门,并且可以用于多个不同的工作环境。不同的工作环境有不同的工作目的。BOM 既可以是以自顶向下的分解形式提供信息,也可以是以自底向上跟踪的形式提供信息。分解是从上层物料开始将其展开成下层零件,跟踪是从下层零件开始得到上层物料。将最终产品的需求或 MPS 中的项目分解成零件需求是 MRP 建立所有下层零件计划的关键一步。如果下层零件计划存在问题,那么通过跟踪就能确定生成这一零件需求的上层物料。为了满足这种多用途的需求,BOM 可以有多种不同的输出格式。

BOM 的输出格式:单阶 BOM 展开、多阶 BOM 展开和尾阶 BOM 展开。

某个主项(可能是最终产品物料,也可能是半成品物料)的单阶 BOM 展开表示一个单位的主项需要用到多少数量的次阶物料项目。如果希望生产指定数量的该主项,则必须使用该主项的单阶 BOM 展开进行计算得到各个组成项目的需要数量。表 2-8 列出了圆珠笔的单阶 BOM 展开。

表 2-8 圆珠笔的单阶 BOM 展开

序号	父项编码	子项编码	子项名称	计量单位	单位用量	描述
1	P01	M01	笔帽	个	1	
2	P01	T01	笔筒	个	1	
3	P01	X01	笔芯	个	1	

多阶 BOM 展开是指用于显示某个主项多个阶层项目的 BOM。多阶 BOM 展开表示了某个主项的完整 BOM 结构。表 2-7 列出了圆珠笔的多阶 BOM 展开。

虽然多阶 BOM 展开完整地表示了主项的 BOM 结构,但是在实际中并不经常使用这种结构,因为在多阶 BOM 展开中包括了所有中间项目的需求。如果希望在输出的 BOM 中只是显示某个主项和该主项的所有的最终零组件,可以使用尾阶 BOM 展开。尾阶 BOM 展开有助于检查指定的主项的各个组成部分是否准备完成,可以用于计划、采购、库管和加工等业务。表 2-9 列出了圆珠笔的尾阶 BOM 展开。该表与表 2-7 之间的差别在于:表 2-7 中包括了中间物料项目的信息,而表 2-9 中不包括中间物料项目的信息。

表 2-9 圆珠笔的尾阶 BOM 展开

序号	父项编码	子项编码	子项名称	计量单位	单位用量	描述
1		P01	圆珠笔	支	1	
2	P01	M01	笔帽	个	1	
3	P01	T01	笔筒	个	1	
4	X01	XY02	笔芯油	毫升	1	
5	X01	XT03	笔芯头	个	1	
6	X01	XG04	笔芯杆	个	1	

(4) BOM 的创建原则和创建过程

BOM 是 ERP 系统中最重要的基础数据之一。因此，BOM 创建的好坏，直接影响到 ERP 系统的运行效率和效果。在创建 BOM 时，一定要根据企业的实际情况，合理地创建 BOM。

创建 BOM 的一些基本原则包括：

①准确地定义物料编码和物料属性。这是创建 BOM 的前提工作。

②产品的结构层次的划分应该在满足功能性、工艺性原则的基础上，尽可能简单。

③合理地设置物料代用的原则。

④合理地设置选用件的选用原则。

⑤合理地设置虚拟件和模块化，简化 BOM 结构。

⑥根据生产需要，可以考虑将工装夹具构造在 BOM 中。

⑦为了加强控制，可以考虑将加工过程中的重要工艺环节，例如质量检验、质量检测和加工状态等构造在 BOM 中。

为了顺利地创建 BOM 文件，应该按照下面的步骤：

第一步，组建 BOM 创建小组。

组建 BOM 创建小组，制定小组的工作方式、创建计划和 BOM 好坏的评价方式，进行工作划分，明确每一个人的工作任务。BOM 创建小组成员应该包括从事产品设计、工艺编制、物料保管、生产计划管理和 ERP 实施技术等人员。

第二步，完成物料数据的定义。

按照企业的编码方式，准确地定义企业物料的物料编码和物料属性。这是创建 BOM 的前提工作。

第三步，熟悉产品的工程图纸。

产品的工程图纸是企业设计人员的工作成果，完整地反映了产品的结构关系。熟悉产品工程图纸的方式包括理解产品的工作原理、读懂产品的工程图纸、理解产品与各个零组件之间的关系、理解产品和零组件的编码原则及读懂图纸上的零组件明细表。

第四步，生成零组件清单。

在熟悉产品的工种图纸的基础上，从图纸上取出生成最终产品的所有零组件的清单。该清单只包括那些最底层的零组件（要么通过采购得到，要么通过对原材料的直接加工得到），不包括那些通过装配等方式得到的中间组件。

第五步，生成单阶 BOM。

在单阶 BOM 中，只包括父项和子项之间的关系。父项可以是最终产品或组件，子项可以是零件或组件。

第六步，认真核查单阶 BOM。

由于单阶 BOM 是最基本的 BOM，也是多阶 BOM 的基础，在整个 BOM 中地位非常重要，一定要确保单阶 BOM 的完整性和正确性。

第七步，自动生成多阶 BOM。

在单阶 BOM 的基础上，由 ERP 系统自动生成产品的多阶 BOM。

3. 工作中心

工作中心（Working Center，WC）是各种生产能力单元的统称。它不只限于一个实际的车间，还可以是一组设备、一群人、一块地方或它们的组合。

工作中心是 ERP 系统的基本加工单位，是进行物料需求计划与能力需求计划运算的基本资料。工作中心是物料需求计划和能力需求计划的对象，所以，在制订计划时，一定要指明是哪个工作中心对该种物料的需求，以及是哪个工作中心的能力需求计划，只有针对具体的工作中心制订计划才是有意义的。

在管理会计中，我们接触过成本中心这一概念，由于在完成一项加工任务的同时也产生了加工成本，那么是不是工作中心就是所谓的成本中心呢？答案是否定的。因为有时一项成本的产生要经过几个工作中心，所以可以将一个或多个工作中心定义为一个成本中心。

由此可见工作中心在 ERP 系统中的重要地位，它是系统多项工作实施的基本单位。下面将具体介绍工作中心的作用：

①工作中心作为平衡负荷与能力的基本单元，是运行能力需求计划的计算对象。分析能力计划执行情况也是以工作中心为对象，来进行工作量的投入/出分析的。

②工作中心还是车间作业分配任务和编制详细作业进度计划的基本单元。派工单是以工作中心为对象来说明工作中心的生产任务即加工优先级的。

③工作中心是用来计算标准作业成本或实际作业成本的最小归集和分配单元。

④工作中心是用来作为车间实际作业数据的采集点，也作为重复式生产的反冲的控制点，工作中心的数据需要维护基本数据、能力参数、成本参数。

对于工作中心，加工资源与能力需求永远是一对矛盾，制订生产计划就是在各工作中心上进行最大限度的平衡，以求得最优解。这体现了管理学中的约束理论，类似于数学应用中的线性规划问题，解决有限资源下最大收益的问题。解决问题要抓主要矛盾，即关键工作中心的能力需求是否有足够的资源来满足。关键工作中心（Critical Work Center）是指直接影响生产整体进度的工作中心，类似于网络图中的关键路线。它有时也被称作瓶颈工序，是运行粗能力计划的计算对象。

作为关键工作中心，它通常具有一些独特的属性：

①关键工作中心要求满负荷工作，一旦停止，就会影响整个生产进度。

②关键工作中心对操作人员的技术要求较高，短期内不能自由增加工人，以提高工作中心的加工能力。

③关键工作中心对设备的要求也比较高,一般都是专用设备,并且价格高昂,不能随意增加设备的数量来分担负荷。

除此之外,由于关键工作中心还受到多种因素的限制,如场地、成本等,因此不能随便增加其负荷和产量。

因此,要保证生产的正常运行,就要充分考虑关键工作中心的生产能力和各种约束条件。

工作中心数据主要分为三类:工作中心基本数据、工作中心能力数据、工作中心成本数据。

(1) 工作中心基本数据

工作中心基本数据包括工作中心代码、工作中心名称、工作中心简称、工作中心说明、替代工作说明、车间代码、人员每天班次、每班小时数、工作中心每班平均人数、设备数(单班、双班、三班等) 及是否为关键工作中心等。

(2) 工作中心能力数据

工作中心能力数据包括工作中心每天可提供的工时、机器台时或可加工完成的产品数量。工作中心的标准能力数据是由历史统计数据分析得到的,计算公式如下:

$$工作中心能力 = 每日班次 \times 每班工作时数 \times 效率 \times 利用率$$

$$效率 = 完成的标准定额小时数 / 实际直接工作小时数$$

或

$$效率 = 实际完成的产量 / 完成的标准定额产量$$

$$利用率 = 实际直接工作小时数 / 计划工作小时数$$

工作小时不只代表工人的工时,还代表机器台时或综合考虑的有效时数。工作中心的作业类型有所不同,大致分为并行作业和流水作业两种,它们的工作小时的计算方法也有所不同。

①并行作业。此类工作中心相当于一个相同加工工序的群组,物品在该工作中心的加工可以由该工作中心的任意一个加工单元完成。因此,该工作中心的工作时间不应等于产品在工作中心的加工工时,而应等于各加工单元的加工工时之和。例如,若某工作中有 3 台机床,每台机床的日工作时间为 8 h/日,该工作中心的工作小时应为 3×8 h/日 = 24 h/日。

②流水作业。此类工作中心相当于一条流水线,物品在该工作中心的加工要依次经过各加工单元。因此,该工作中心的工作时数应为产品在工作中心的加工工时。例如,若工作中心由 3 个工作单元组成,每个工作单元的日工作时间为 8 h/日,则该工作中心的工作时间应为 8 h/日。

(3) 工作中心成本数据

生产加工在工作中心每小时发生的费用称为工作中心费率。工作中心发生的费用主要有人员工资、能源费用、设备维修费及资产折旧费。工作中心成本数据是核算产品成本的重要数据来源。它的计算方法如下:

$$工作中心直接费率 = 工作中心日所有发生费用 / 工作中心日工作时数$$

工作中心间接费率 = 分摊系数 × 车间发生的间接费用 / 工作中心日工作时数(或者按直接费率的百分比来计算)

工作中心的费率单位为元/工时或元/台。

4. 提前期

提前期，英文是 Lead Time，简称 LT，是指作业开始到作业结束花费的时间，是设计工艺路线、制订生产计划的重要基础数据之一。例如，某个产品的交付提前期是指从作为开始时间的签订订单日期至作为结束时间的向客户交付产品的交付日期之间的时间。提前期的概念体现了对最终结束时间的重视。有时，也把提前期称为作业时间或作业工时。如果把提前期称为工时，则体现了对作业开始至作业结束这一段时间长度的重视。从本质上来讲，提前期管理是对生产作业和管理作业的量化管理形式。

基于不同的使用目的和根据不同的划分标准，可以把提前期分为多种不同的类型。这些划分标准包括生产过程、生产计划等。

从生产过程视角来看，提前期可以分为产品设计提前期、生产准备提前期、采购提前期、生产加工提前期、装配提前期、试验和测试提前期及发货运输提前期等类型。产品设计提前期是指从接受订单开始至产品设计、工艺设计完成所需要的时间。生产准备提前期是指从生产计划开始到生产准备工作完成（可以投入生产）所需的时间。生产准备的内容包括硬件准备和软件准备。硬件准备包括工装夹具、原辅材料等准备，软件准备包括加工图纸、技术文档等内容。采购提前期是指从下达采购订单到所采购的物料入库的全部时间。生产加工提前期是指从生产加工投入开始至生产完工入库的全部时间。装配提前期是指从装配投入开始至装配完工的全部时间。试验和测试提前期是指产品装配完成之后进行试验、测试所需要花费的时间。发货运输提前期是指产品测试之后开始包装、出库、装箱和运输，直到客户接收到产品所需要的时间。

因为采购、加工和装配是 ERP 系统主要考虑的生产环节，所以将采购、加工和装配提前期的总和称为累计提前期，把产品的整个生产周期称为总提前期。

从计划的角度来看，可以把提前期划分为标准提前期、计划提前期和实际提前期。标准提前期是指在正常情况下，针对单个零部件或产品，某项作业从开始至结束所需要的时间。计划提前期是指在正常情况下由计划下达至计划完成所需要的时间，它是在考虑了作业数量、并行操作方式等因素的基础上通过标准公式计算得到作业时间。例如，由于不同工序之间可以交叉作业，计划提前期往往小于所有单个工序的标准提前期之和。图 2－7 所示是工序之间交叉作业对提前期影响的示意图。在图 2－7（a）中，LT1 是没有考虑交叉作业时的提前期。在图 2－7（b）中，LT2 是考虑了交叉作业时的提前期。显然，LT2 < LT1。标准提前期是指从作业开始至作业完成所需要的时间，实际提前期是作业在实际环境影响下所需要的时间。实际提前期是标准提前期和计划提前期修正后的依据。

对于生产加工提前期，按照与产品数量之间的关系，可以把提前期分为变动提前期和固定提前期。与加工产品数量有关的提前期称为变动提前期，与加工产品数量无关的提前期称为固定提前期。

生产加工通常由多项工序组成。工序提前期是指工序从进入工作中心到离开工作中心。工序提前期又被称为工时。一般地，每一个作业的工时都由多种不同的时间组成。这些时间包括排队时间、准备时间、加工时间、等待时间和移动时间等。这些时间的单位通常是秒、分和时等。

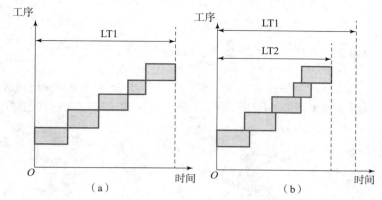

图 2-7 交叉作业和提前期之间的关系示意图

①排队时间：在工作中心安排作业前耗费的排队时间。

②准备时间：在加工前需要做的准备工作所花费的时间，例如开机、检查和调整机器、安装拆卸工装夹具及加油等，每一批零部件的作业都需要消耗时间。

③加工时间：每一个零部件加工、装配的实际作业时间。

④等待时间：工作中心作业完成之后不能立即转移到下一个工作中心，需要等待一段时间才能转移到下一道工序。

⑤移动时间：又称搬运时间、运输时间，从当前工序转移到下一道工序花费的时间。

在 ERP 系统中，提前期是重要的基础数据，在物料数据中维护。产品设计提前期与生产加工提前期和采购提前期的性质不同。对于某一个产品来说，产品设计往往是一次性的工作，生产加工、物料采购则通常是重复性的工作。因此，提前期通常考虑的是生产加工提前期和采购提前期，而不是产品设计提前期。

需要注意的是，"期"和"周期"是不同的。"期"指某个作业从作业开始到本次作业结束需要花费的时间，"周期"是指某种类型的作业从本次开始一直到该作业下一次开始需要耗费的时间。前一个术语对应的英文是 time，后一个术语对应的英文是 cycle。

5. 工艺路线

工艺路线（Routing）是描述物料加工、零部件装配的操作顺序的技术文件，是多个工序的序列。工序是生产作业人员或机器设备为了完成指定的任务而做的一个动作或一连串动作，是加工物料、装配产品的最基本的加工作业方式，是与工作中心、外协供应商等位置信息直接关联的数据，是组成工艺路线的基本单位。例如，一条流水线就是一条工艺路线，这条流水线上包含了许多的工序。

工艺路线文件一般包含以下字段内容：物品代码、工序号、工序状态（正确、可选或停用）、工序说明、工种代码、工作中心代码、准备时间单位、准备时间、标准准备时间、加工时间单位、加工时间、标准加工时间、搬运时间（小时）、等待时间、占工作中心时间、使用工装、平行交叉标识（平行、交叉、混合）、最小传送量、替换工作中心、外协标识（Y/N）、标准外协费和工序检验标志（Y/N）等。

工艺路线作为 ERP 系统的重要基础数据，具有十分重要的作用：

①工艺路线可用于能力需求计划的分析计算、平衡各个工作中心的能力。工艺路线文件中说明了消耗各个工作中心的工时定额，可用于工作中心的能力运算。

②工艺路线可用于计算物料清单的有关物料的提前期。根据工艺文件的准备时间、加工时间和传送时间计算提前期。

③工艺路线可用于下达车间作业计划。根据加工顺序和各种提前期进行车间作业安排。

④工艺路线可用于加工成本的计算。根据工艺文件和工时定额（外协费用）及工作中心的成本费用数据计算出标准成本。

⑤根据工艺文件、物料清单及生产车间、生产线完工情况，可生成在各个工序的加工进度的整体情况，以及对在制品的生产过程进行跟踪和监控。

工艺路线并不是在实施 ERP 系统之后才产生的，在传统的企业生产中就存在工艺路线报表，作为企业重要的管理文件。一般是根据工艺卡片确定工序顺序和工序名称，并确定对应的工作中心（代码、名称）及对应各工作中心工序的工时定额（包括准备时间、加工时间和传递时间）。

6. 工作日历

如果把日期作为一种资源，那么工作日历是一个基于日期的能力需求计划。工作日历是一种表示上班日期、休息日期的日历，有时也称为制造日历。工作日历的作用是：作为考勤计算的依据；在 MPS、MRP 中基于提前期计算主生产计划、作业计划时，作为确定开工日期、完工日期的依据；计算工作中心产能负荷时的日期基础；资金实现日期的认定。

工作日历有两种类型，即单一工作日历和复杂工作日历。对于一个企业来说，无论是生产部门还是管理部门，无论是执行表面处理作业的工作中心还是完成产品装配作业的工作中心，都使用同一个工作日历，则这种企业的工作日历被称为单一工作日历。在一个企业中，由于环境条件限制例如能源消耗、设备维修等，不同的部门、不同的工作中心有可能采用不同的生产日期和休息日期，从而具有不同的工作日历。则这种企业的工作日历被称为复杂工作日历。

对于采用复杂工作日历的企业来说，不同组织层次的工作日历具有不同的优先级。位于组织层次最低的工作中心具有最高优先级的工作日历，位于组织层次最高的企业具有最低优先级的工作日历。也就是说，如果在某个工作中心定义了工作日历，那么该工作中心使用自己的工作日历。如果某个工作中心没有定义自己的工作日历，那么采用所属部门的工作日历。如果所属部门也没有工作日历，那么该工作中心采用企业的工作日历。

7. 其他基础数据

在 ERP 系统中，除了前面介绍的基础数据之外，还包括一些其他的基础数据。这些其他基础数据主要包括日期的标准格式、记账的本位币、单据审核日期设定、税额计算方式、库存账目的参数、会计年度和会计期间、币种与汇率、常用语、页脚和签核等。

最基础的数据包括日期的标准格式和账本记账的本位币。在中国市场上销售的 ERP 系统中，默认情况下，日期的标准格式应该是 YYYYMMDD，账本记账的本位币应该是人民币（RMB）。

有关单据审核日期的认定基础可以按照企业的需要进行设定，既可以设置为依照单据录入计算机时的系统日期，也可以设置为依照单据业务发生时的实际日期。

有关税额计算的方式可以依照企业的管理设定，既可以依照单据的总金额计税，也可以依照单据明细项记录的金额分别计税。

针对库存账目，应该可以设置库存结账年月、库存封账年月和账务冻结日期等，确保库存信息的安全。为了规避财务做账对业务操作的影响，应该使财务做账所需的会计期间、结账和封账等活动不影响业务操作。

会计做账期间，既可以设置为1年12期，也可以根据需要设置为1年13期，甚至还可以设置为其他一些数据。在中国，会计年度和会计期间是固定的，自然年度是一个会计年度，12个自然月则是会计期间。但是，在其他许多国家，会计年度和会计期间则是由企业自己灵活设置的。随着全球化经济的发展，中国企业与国际企业的交往越来越频繁，因此灵活地设置会计年度和会计期间是企业的一个现实需求。

币种与汇率数据主要包括币种简称、币种名称、银行买入汇率、银行卖出汇率、报关买入汇率和报关卖出汇率等，适用于从事涉及生产和贸易的企业。为了执行符合国家规定和国际惯例的小数后取位计算，系统应该具有单价可以定义小数位数、金额可以定义小数位数、成本单价可以定义小数位数及成本金额可以定义小数位数等功能。

常用语数据主要包括企业生产经营过程中经常使用的语句信息，可以降低人工录入这些信息的拼字时间。常用语可以分为个人常用语和企业常用语两种类型。常用语的管理方式应该采用便于扩充的树状结构。

页脚、签核数据主要包括多组页脚注记信息、多组签核信息，可以用于报表和单据。页脚、签核数据的作用是：降低人工录入信息的拼字时间，提高录入信息的效率；标准化注记和签核信息，提高信息的质量。

2.2　实验二　基础数据录入

2.2.1　实验目的

①掌握账套的基本参数的设定。
②掌握 ERP 系统基础数据的录入。

2.2.2　实验准备

恢复实验一结束后的账套。

2.2.3　实验内容及步骤

ERP 各模块的系统初始化主要由初始化准备、系统设置、基础资料设置、初始数据录入、结束初始化五个步骤组成，如图 2-8 所示。

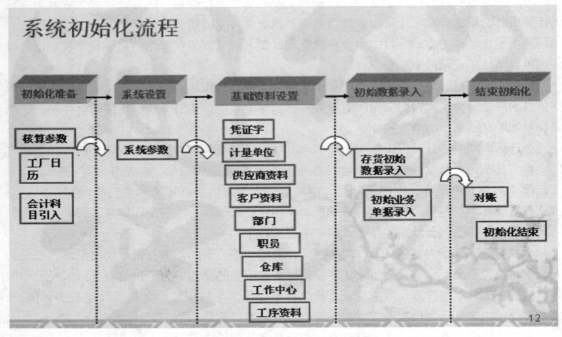

图2-8 ERP系统初始化总流程图

1. 初始化准备

（1）核算参数设置

步骤：单击"系统设置"→"初始化"→"生产管理"→"核算参数设置"，在弹出的对话框中，录入启用时间为"2018年10月"，在后面的对话框中，直接单击"下一步"按钮，最后单击"完成"按钮，如图2-9所示。

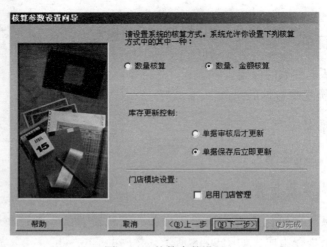

图2-9 核算参数设置

(2) 工厂日历设置

步骤：单击"系统设置"→"初始化"→"生产管理"→"工厂日历"，工厂日历起始日为：10月1日，周六，周日为休息日，设置完毕，单击"保存"按钮。

(3) 引入会计科目

步骤：单击"系统设置"→"基础资料"→"公共资料"→"科目"→"文件"→"从模板中引入"，科目选"股份制企业"，单击"全选"→"确定"。

2. 系统设置

步骤1：单击"系统设置"→"系统设置"→"生产管理"→"系统设置"，在弹出的对话框中，设置下面相应的内容。

①系统设置：把专用发票精度设置为4。

②供应链整体选项：去掉"若应收应付系统未初始化，则业务系统发票不允许保存"中的"√"。

③核算系统选项：在"暂估凭证冲回方式"中选择"单到冲回"。

④采购系统选项："采购系统支持部分钩稽"打"√"。

⑤销售系统选项："销售系统支持部分钩稽"打"√"。

步骤2：单击"系统设置"→"系统设置"→"总账"→"系统参数"→"总账"，设置如图2-10所示。

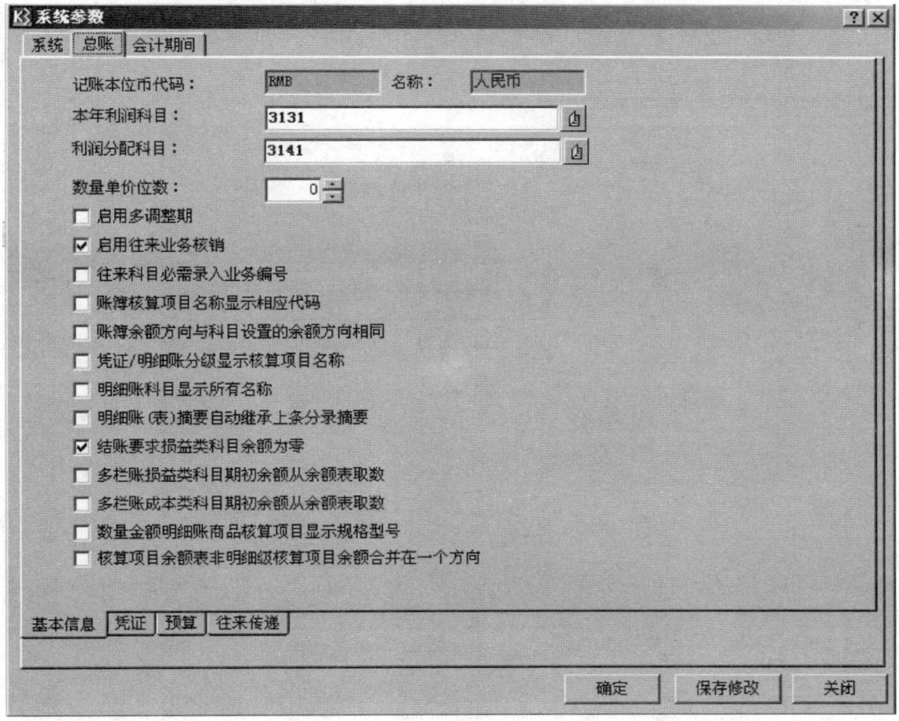

图2-10 系统参数设置

3. 基础资料设置

（1）币别

系统默认人民币为本位币。
增加如下币别：
1）美元代码：USD，汇率是 6.706。
2）港币代码：HKD，汇率 0.903。
步骤：单击"系统设置"→"基础资料"→"公共资料"→"币别"，单击工具栏上的"新增"，弹出如图 2-11 所示对话框。

（2）科目

1）增加科目。
增加如下科目：
1002.01 工商银行（不核算外币）；
1002.02 建设银行（外币核算：美元，期末调汇）；
1002.03 中国银行（外币核算：港币，期末调汇）；
2171.01.01 进项税（余额方向：借方）；
2171.01.02 销项税（余额方向：贷方）。

步骤：单击"系统设置"→"基础资料"→"公共资料"→"科目"，单击工具栏上的"新增"，弹出如图 2-12 所示对话框。

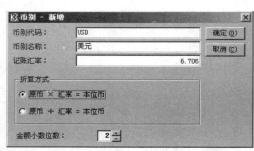

图 2-11 新增币别

图 2-12 新增科目

注：要显示所有明细科目："查看"→"选项"→"显示所有明细"。
2）修改科目。
1131应收账款核算项目挂客户，科目受控系统：应收应付，如图2-13和图2-14所示。

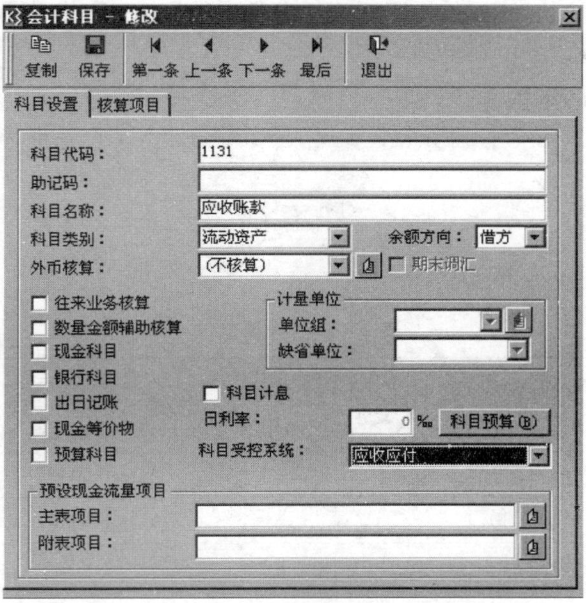

图2-13 科目修改

图2-14 科目核算项目设置

1151预付账款核算项目挂供应商，科目受控系统：应收应付。

2121 应付账款核算项目挂供应商,科目受控系统:应收应付。
2131 预收账款核算项目挂客户,科目受控系统:应收应付。
3)删除科目:1161 应收补贴款。

(3)凭证字

凭证字是在录入凭证时使用的用于标记凭证类别的标志,它与实际工作中所使用的凭证字的含义相同。

增加"记"凭证字步骤:

单击"系统设置"→"基础资料"→"公共资料"→"凭证字",单击工具栏上的"新增"按钮,录入凭证字:"记"。

(4)计量单位

按表 2-10 的内容录入计量单位。

表 2-10 计量单位

计量单位组	默认计量单位	常用计量单位	换算方式	换算率
数量组 1	个(101)		固定	1
数量组 2	台(201)		固定	1
重量组 1	千克(301)		固定	1
重量组 1	千克	吨(302)	固定	1 000

步骤:单击"系统设置"→"基础资料"→"公共资料"→"计量单位",单击工具栏上的"新增"按钮,弹出如图 2-15 所示对话框。注:先输入相应的计量单位组,之后在相应的计量单位组下增加单位。

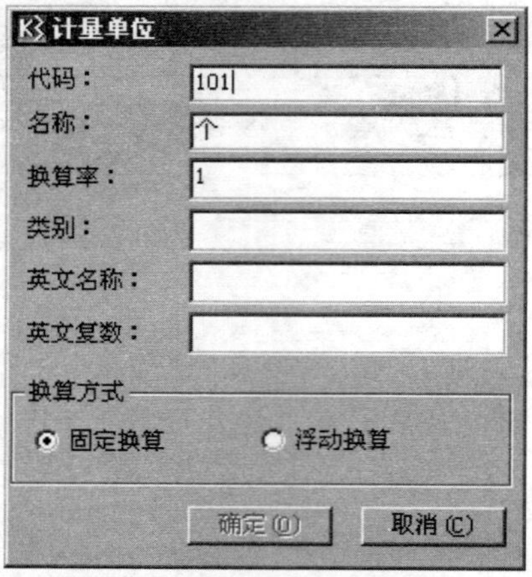

图 2-15 计量单位新增

(5)客户

客户资料记录了企业货物销售对象的信息,包括客户基本资料、应收资料、销售模式等,按表 2-11 中的内容录入客户资料。

表 2 - 11 客户信息

客户分类代码	客户分类名称	客户代码	客户名称	销售模式
01	华北区	01.01	北京绿色原野公司	内销
01		01.02	华北电子公司	内销
02	华南区	02.01	江门电器公司	内销
02		02.02	深圳天音公司	内销
03	西北区	03.01	通达电器公司	内销
03		03.02	陕西家电公司	内销
03		03.03	西安先锋公司	内销
10	海外	10.01	香港荣普公司	外销
10		10.02	德国 MOT 公司	外销

步骤 1：单击"系统设置"→"基础资料"→"公共资料"→"客户"，单击工具栏上的"新增"按钮，弹出如图 2 - 16 所示对话框，选择上级组，输入客户分类。

图 2 - 16 客户组新增

步骤 2：选中客户类别，单击工具栏上的"新增"按钮，弹出如图 2 - 17 所示对话框，然后输入客户信息。

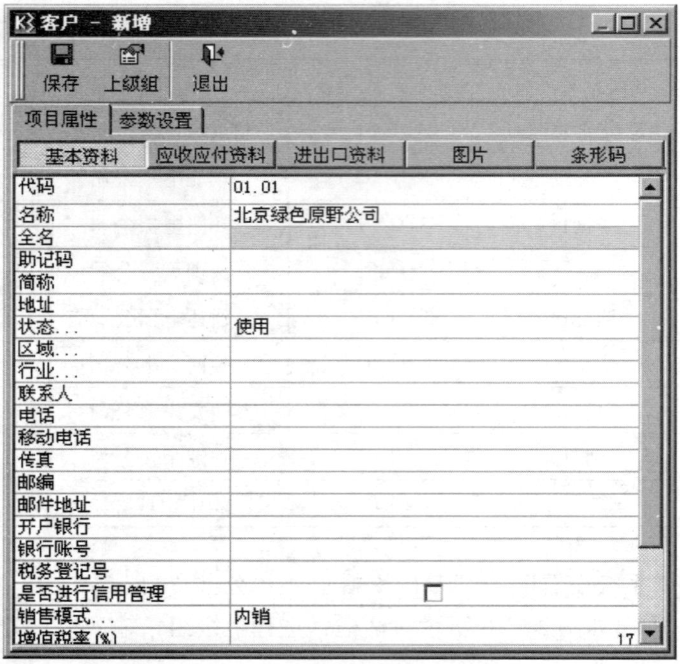

图 2-17 客户新增

(6) 部门

部门资料用来记录企业组织结构的构成情况，企业根据实际情况决定部门的级次结构。按表 2-12 的内容输入部门信息。

表 2-12 部门信息

部门代码	部门名称	部门属性	成本核算类型
01	总裁办	非车间	期间费用部门
02	财务部	非车间	期间费用部门
03	生产计划部	非车间	期间费用部门
04	销售部	非车间	期间费用部门
05	采购部	非车间	期间费用部门
06	仓管部	非车间	期间费用部门
07	人事部	非车间	期间费用部门
08	生产车间		
08.01	注塑车间	车间	基本生产部门
08.02	喷油车间	车间	基本生产部门
08.03	剪板车间	车间	基本生产部门
08.04	冲压车间	车间	基本生产部门
08.05	装配车间	车间	基本生产部门

步骤：单击"系统设置"→"基础资料"→"公共资料"→"部门"，单击工具栏上的"新增"按钮，弹出如图2-18所示对话框，输入表中相应的资料。

图 2-18 部门新增

（7）职员

职员资料用来记录企业组织机构内的所有员工信息，见表2-13。

表 2-13 职员信息

代码	名称	部门名称	性别
001	余刚	生产计划部	男
002	李勇	采购部	男
003	满军	财务部	男
004	王兵	销售部	男
005	赵强	生产计划部	男
006	陈力	仓管部	男
007	徐军	装配车间	男
008	徐英	剪板车间	女

步骤：单击"系统设置"→"基础资料"→"公共资料"→"职员"，单击工具栏上的"新增"按钮，弹出如图2-19所示对话框，输入表中相应的资料。

图 2 – 19　职员新增

（8）仓库

仓库资料用于对企业所使用的仓库进行集中、分级管理，见表 2 – 14。

表 2 – 14　仓库信息

库房代码	库房名称	仓库属性	仓库类型
001	成品库	良品	普通仓
002	半成品库	良品	普通仓
003	原材料库	良品	普通仓
004	代管库	良品	代管仓
005	待检库	在检品	待检仓

步骤：单击"系统设置"→"基础资料"→"公共资料"→"仓库"，单击工具栏上的"新增"按钮，弹出如图 2 – 20 所示对话框，输入表中相应的资料。

（9）供应商

供应商资料记录了企业的所有供货商信息，见表 2 – 15。

图 2-20 仓库新增

表 2-15 部门信息

供应商代码	供应商名称	地址	联系人
01	苏州电器厂	苏州	张三
02	中山电机	中山	李四
03	宁波泰信	宁波	王五

步骤：单击"系统设置"→"基础资料"→"公共资料"→"供应商"，单击工具栏上的"新增"按钮，弹出如图 2-21 所示对话框，输入表中相应的资料。

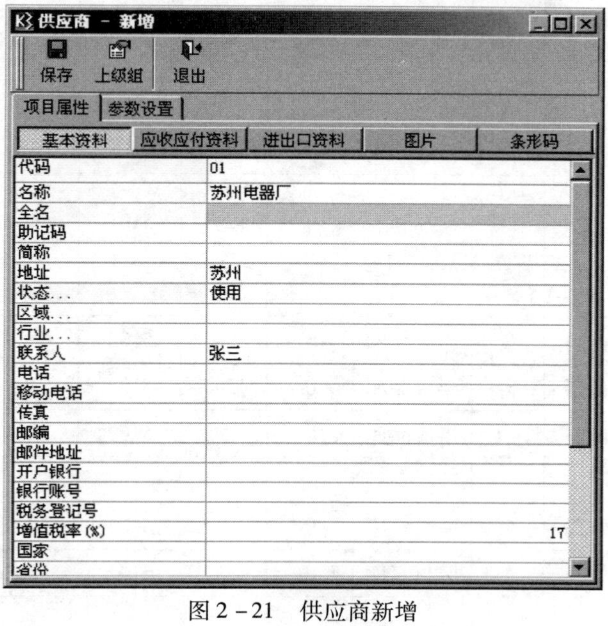

图 2-21 供应商新增

2.2.4 实验总结

2.3 实验三 系统初始化

2.3.1 实验目的

①掌握物料的录入。
②掌握系统基础数据的录入。
③掌握初始数据的录入。

2.3.2 实验准备

恢复实验二结束后的账套。

2.3.3 实验内容及步骤

1. 物料的录入

物料是企业经营运作、计划管理、生存获利的物质保障,见表2-16。

表2-16 物料信息

代码	名称	物料属性	计量单位	缺省仓库	数量精度	存货科目	销售收入科目	销售成本科目	计划策略	固定提前期	批量增量
01	成品										
01.01	绿色牌电脑	自制	台	成品库	0	1243	5101	5401	MPS	1	1
01.02	绿叶组装电脑	配置类	台	成品库	0	1243	5101	5401	MPS	1	1
02	半成品										
02.01	主机	自制	台	半成品库	0	1241	5102	5405	MRP	2	1
02.02	机箱	自制	台	半成品库	0	1241	5102	5405	MRP	2	1
02.03	键盘	自制	个	半成品库	0	1241	5102	5405	MRP	1	1
03	原材料										
03.01	电源	外购	个	原材料库	0	1211	5102	5405	MRP	1	1
03.02	512 MB 内存条	外购	个	原材料库	0	1211	5102	5405	MRP	1	1

续表

代码	名称	物料属性	计量单位	缺省仓库	数量精度	存货科目	销售收入科目	销售成本科目	计划策略	固定提前期	批量增量
03.03	鼠标	外购	个	原材料库	0	1211	5102	5405	MRP	1	1
03.04	显示器	特征类	个	原材料库	0	1211	5102	5405	MRP		1
03.05	飞利浦显示器	外购	个	原材料库	0	1211	5102	5405	MRP	1	1
03.06	三星显示器	外购	个	原材料库	0	1211	5102	5405	MRP	1	1
03.07	框架外壳	委外	个	原材料库	0	1211	5102	5405	MRP	4	1
03.08	镀锌钢板	外购	千克	原材料库	1	1211	5102	5405	MRP	1	0.1
03.09	光驱	外购	个	原材料库	0	1211	5102	5405	MRP	1	1
03.10	CPU	外购	个	原材料库	0	1211	5102	5405	MRP	1	1
03.11	主板	外购	个	原材料库	0	1211	5102	5405	MRP	1	1
03.12	硬盘	外购	个	原材料库	0	1211	5102	5405	MRP	1	1

注：所有品种的计价方法是加权平均法。

步骤：单击"系统设置"→"基础资料"→"公共资料"→"物料"，单击工具栏上的"新增"按钮，输入表中物料信息。

2. 初始数据的录入

初始数据录入是将截至启用日期的库存物料结余数量、财务资金信息及成本信息输入系统，实现初始数据与从系统启用日开始的正常业务信息操作相融合，保证启用日期前、后业务数据的平滑连接。

（1）物流模块初始数据录入

物流初始数据是本系统启用时库存物料的结存情况记录。

步骤1：单击"系统设置"→"初始化"→"仓存管理"→"初始数据录入"，按表2-17的内容录入库存初始数据。

表2-17 库存初始数据

代码	名称	本年累计收入数量	本年累计收入金额	本年累计发出数量	本年累计发出金额	期初数量	期初金额
01.01	绿色牌电脑	10	40 000	100	400 000	100	400 000
01.02	绿叶组装电脑	10	35 000	100	350 000	100	350 000
02.01	主机	10	25 000	100	250 000	100	250 000
02.02	机箱	10	2 000	100	20 000	100	20 000
02.03	键盘	10	100	100	1 000	100	1 000
03.01	电源	10	100	100	1 000	100	1 000

续表

代码	名称	本年累计收入数量	本年累计收入金额	本年累计发出数量	本年累计发出金额	期初数量	期初金额
03.02	512M 内存条	10	2 000	100	20 000	100	20 000
03.03	鼠标	10	100	100	1 000	100	1 000
03.05	飞利浦显示器	10	8 000	100	80 000	100	80 000
03.06	三星显示器	10	10 000	100	100 000	100	100 000
03.07	框架外壳	10	300	100	3 000	100	3 000
03.08	镀锌钢板	10	20	100	200	100	200
03.09	光驱	10	500	100	5 000	100	5 000
03.10	CPU	10	10 000	100	100 000	100	100 000
03.11	主板	10	2 000	100	20 000	100	20 000
03.12	硬盘	10	5 000	100	50 000	100	50 000

注：01.02 绿叶组装电脑录入需通过批次录入。

步骤 2：录入完毕后，单击工具栏上的"对账"，并查看结果是否正确，如图 2-22 所示。如果正确，则单击工具栏上的"传递"。

科目代码	科目名称	借贷方向	年初金额	本年累计收入金额	本年累计发出金额	期初金额
1211	原材料	借方	722,380.00	38,020.00	380,200.00	380,200.00
1241	自制半成品	借方	514,900.00	27,100.00	271,000.00	271,000.00
1243	库存商品	借方	1,425,000.00	75,000.00	750,000.00	750,000.00
合计			2,662,280.00	140,120.00	1,401,200.00	1,401,200.00

图 2-22　库存初始数据

(2) 财务模块初始数据录入

步骤 1：单击"系统设置"→"初始化"→"总账"→"科目初始数据录入"，按表 2-18 的内容录入科目初始数据。

表 2-18　科目初始数据

科目代码	科目名称	单位	本年累计借方	本年累计贷方	期初余额	实际损益发生额	方向
1001	现金		20 000	30 000	37 400		借
1002.01	银行存款——工商银行		84 400	50 000	923 800		借

续表

科目代码	科目名称	单位	本年累计借方	本年累计贷方	期初余额	实际损益发生额	方向
1002.02	银行存款——建设银行		原币1 000	原币500	原币2 000		借
1002.01	银行存款——中国银行		原币1 000	原币1 000	原币1 000		借
1 131	应收账款	深圳天音公司	20 000		30 000		借
		陕西家电公司	1 500		40 000		借
1 141	坏账准备				3 000		贷
1 501	固定资产		1 400 000		2 000 000		借
1 502	累计折旧			117 000	500 000		贷
2 121	应付账款	苏州电器厂		13 300	100 000		贷
2 101	短期借款				1 500 000		贷
3 101	实收资本		404 715	497 588	2 333 715		贷
5 101	主营业务收入		51 000	51 000	20 000	40 000	
5 401	主营业务成本		32 000	32 000	10 000	25 000	
3 131	本年利润		35 000				

步骤2：单击"平衡"进行借贷平衡（注：币别选"综合本位币"），结果如图2-23所示。

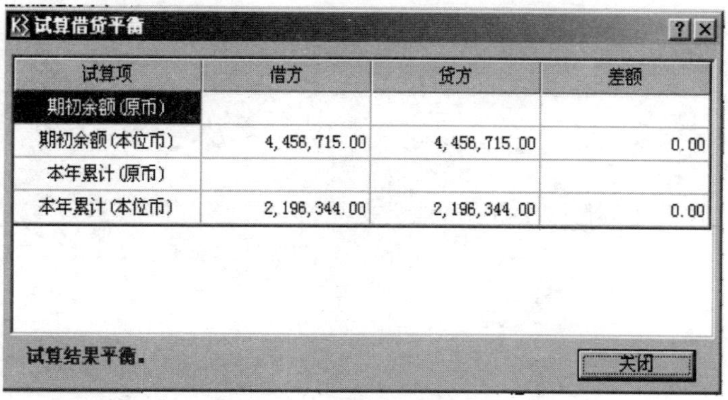

图2-23 试算借贷平衡

（3）结束初始化

步骤1：单击"系统设置"→"初始化"→"总账"→"结束初始化"。

步骤2：单击"系统设置"→"初始化"→"采购管理"→"启用业务系统"，在弹出的对话框中单击"是"按钮,之后系统会出现登录的界面,选择自己的账套后重新登录。登录后,查看"系统设置"→"初始化"中的内容有什么变化?

2.3.4 实验总结

第二篇 供应链管理篇

第 3 章

采购管理

3.1 背景知识

3.1.1 供应链管理

1. 供应链的含义与特点

（1）供应链的含义

供应链（Supply Chain）是围绕核心企业，通过对信息流、物流、资金流的控制，从原材料的采购开始，到中间产品的制造，直至最终产品经由销售网络送到消费者手中的过程中，将供应商、制造商、分销商、零售商和最终用户连成一个整体的功能网链结构模式。其结构如图 3-1 所示。

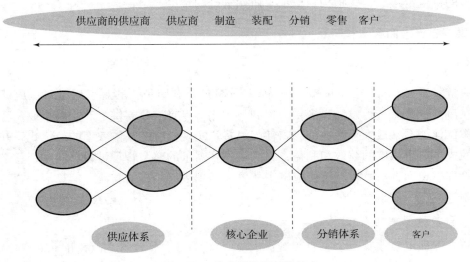

图 3-1 供应链的网链结构

从图 3-1 可以看出，供应链由结成一种战略同盟的所有节点企业组成，其中一般会有一个核心企业在整个供应链中处于强势的领导地位。各节点企业在需求信息的驱动下，通过供应链的形式发挥自己的职能（生产、分销、零售等），以资金流、物流、服务流作为媒介实现整个供应链中产品的不断增值。

(2) 供应链的特征

从供应链的结构模型可以看出，供应链是一个围绕核心企业的供应商、供应商的供应商、分销商、零售商、最终用户组成的网链结构。每个企业都是供应链中的一个节点，节点企业和节点企业之间是一种需求与供应关系。由此可知，供应链主要具有以下特征：

1）复杂性。

现代企业的供应链是一种复杂的、非线性虚拟价值链网络，由具有不同冲突目标的成员组成。供应链的节点企业包括生产加工型企业、服务型企业等，各企业之间存在着上下游关系，同时以某些企业为核心。在这种网链结构上，各节点企业相互依赖，各工序环环相扣，构成了一个不可分割的有机系统。由此可见，供应链是一个复杂的系统。

2）动态性。

供应链系统是一个开放的、动态的系统，外界环境的变化对供应链的运作有着重要的影响。宏观政策的变化、经济发展的速度和质量、新技术的发展和应用等，都会波及供应链系统功能的实现。从发展的角度来看，供应链及其系统是动态的。这就要求供应链系统有自适应性、自我调整性，能适时根据市场条件，竞争环境的变化调整系统策略。

3）面向用户需求。

供应链的形成、存在、重构，都是基于最终客户的需求而发生的，并且在供应链的运作过程中，用户的需求拉动是供应链中信息流、产品/服务流、资金流运作的驱动源。

4）交叉性。

供应链上的各节点企业既可以是这个供应链的成员，同时又可以是另一个供应链的成员。众多的供应链形成交叉结构，增加了协调管理的难度。

2. 供应链管理的含义和特点

(1) 供应链管理的含义

供应链管理（Supply Chain Management, SCM）是利用系统的观点通过对供应链中的物流、信息流、资金流进行设计、规划、控制与优化，以寻求建立供、产、销企业及客户间的战略合作伙伴关系，最大限度地减少内耗与浪费，实现供应链整体效率的最优化，并保证供应链中的成员取得相应的绩效和利益，来满足顾客需求的整个管理过程。同时，它又是一种集成的管理思想和方法，贯穿于供应链中从供应商到最终用户的物流、信息流、资金流的计划和控制等管理职能。

(2) 供应链管理的内容

供应链管理主要涉及四个主要领域：供应（Supply）、生产计划（Schedule Plan）、物流（Logistics）、需求（Demand）。供应链管理是以同步化、集成化生产计划为指导，以各种技术为支持，尤其以 Internet/Intranet 为依托，围绕供应、生产作业、物流（主要指制造过程）、满足需求来实施的。供应链管理主要包括计划、合作、控制从供应商到最终用户的物料（零部件和成品等）和信息。供应链管理的目标在于提高用户服务水平和降低总交易成本，并且寻求两个目标之间的平衡（这两个目标往往有冲突）。

（3）供应链管理的特点

供应链管理作为一种新型的管理模式，与传统的管理方法相比，具有如下特点。

1）以客户为中心。

在供应链管理中，顾客服务目标的设定优先于其他目标，它以顾客满意为最高目标。供应链管理本质上是满足顾客需求，它通过降低供应链成本的战略，实现对顾客的快速反应，以此来提高顾客满意度，获取竞争优势。

2）跨企业的贸易伙伴之间密切合作、共享利益和共担风险。

在供应链管理中，人们把供应链中的所有节点企业看作一个整体，因此供应链中的企业已超越了组织机构的界限，改变了传统的经验意识，建立起新型的客户关系，使企业意识到不能仅仅依靠自己的资源来参与市场竞争、提高经营效率，而要通过与供应链参与各方进行跨部门、跨职能和跨企业的合作，建立共同利益的合作伙伴关系，追求共同的利益，发展企业之间稳定的、良好的、共存共荣的互助合作关系。

3）集成化管理。

应用网络技术和信息技术，重新组织和安排业务流程，可以实现集成化管理。离开信息及网络技术的支撑，供应链管理就会丧失应有的价值。信息已经成为供应链管理的核心要素。通过应用现代信息技术，如条码技术、POS、EDI 等，使供应链成员不仅能及时有效地获得其客户的需求信息，并对信息做出及时响应，满足客户的需求。信息技术的应用提高了事务处理的准确性和速度，减少了人员，简化了作用过程，提高了效率。

4）一体化管理。

一体化是指不同职能部门之间或不同企业之间通过物流合作，达到提高物流效率、降低物流成本的目的。供应链管理实质上是通过物流将企业内部各部门及供应链的各节点企业联结起来，改变交易双方利益对立的传统观念，在整个供应链范围内建立起共同利益的协作伙伴关系。供应链管理把从供应商开始到最终用户的物流活动作为一个整体进行统一管理，始终从整体和全局上把握物流的各项活动，使整个供应链的库存水平最低，实现供应链整体物流最优化。在供应链管理模式下，库存不是必要的，库存变成了一种平衡机制，供应链管理更强调零库存。供应链管理使供应链成员结成战略同盟，他们之间进行信息交换与共享，使得供应链的库存总量大幅降低，减少了资金占用和库存维持成本，还避免了缺货现象的发生。

3.1.2 采购管理

1. 采购管理的作用

采购是对物料从供应商到企业组织内部移动的管理过程，是企业供应链管理中的基本活动之一。采购管理在企业经营管理和生产与动作管理中是一个十分重要的问题。它的重要性首先体现在它在企业经营生产中的中心作用上。任何一个组织，其生产运作所需的投入中都离不开物料。对一个制造业企业来说，它需要从外部供应商那里购买所需的原材料和零部件；对一个服务业企业来说，它需要从外部供应商那里购买各种消耗品；对于批发、零售业的企业来说，采购更是整个动作活动中的主要部分。在一个企业的经营中，物料采购成本占很大比重，并且在很多行业，随着企业越来越专注于自己的核心能力，把大部分非核心业务都外包出去了，这种采购的比重有上升趋势。因此，通过采购管理降低物料成本是企业增加利润的一个极有潜力的途径。

采购管理重要性的另一个表现是它与库存之间的关系。采购管理不当，会造成大量的、多余的库存。而库存会导致占用企业的大量资金和发生管理成本。从质量的角度来说，劣质物料给产品带来的潜在影响会非常大，带来的潜在成本也非常高。此外，采购管理的好坏还会影响到供货的及时性，而这些都与企业最终产品的价格、质量和及时性直接相关。

2. 采购管理的业务概述

对于物料的采购管理，通常通过以下程序进行。

（1）接受采购要求或采购指示

采购要求的内容包括采购品种、数量、质量要求及到货期限。在制造业企业中，采购指示来自生产计划部门，而生产计划部门又根据既定的"自制-外协"策略来决定采购什么，根据生产日程计划的安排来决定何时采购。但反过来，企业在制定"自制-外协"策略时，采购部门有很大的发言权，因为它们最清楚从外部获得各种所需资源的可能性，清楚各个供应商的供应能力。对于非制造业企业来说，例如批发与零售业企业，决定采购什么是与决定销售什么相一致的，采购策略和市场策略紧密联系。

（2）选择和管理供应商

一个好的供应商是确保供应物料的质量、价格和交货期的关键。因此，在采购管理中，供应商的选择和如何保持与供应商的关系是主要问题。在采购管理的程序中，这一步骤包括调查供应商，要求进行商谈，评价多少可候选供应商（使用定性、定量多个标准），最后确定供应商。供应商一旦确定，需要根据物料本身的特点考虑是否有必要与供应商保持长期的业务关系，采取一种什么样的关系模式等。

（3）订货

如果一个企业的采购品种非常多，采购频率（次数）也很高，日常的订货管理工作量就会非常大，发生大量的管理成本，还有可能带来很高的差错率，从而进一步增加成本。现在，信息技术使得企业可能与供应商通过网络连接，不需要任何纸的媒介，就可简洁、迅速地完成订货手续，节省大量的管理成本。采购管理的这种"电子化"将是今后企业采购管理发展的一个重要方向。

（4）订货跟踪

主要是指订货发出后的进度检查、监控、联络等日常工作，目的是防止到货延误或出现数量、质量上的差错。这些工作较琐碎，但却是非常重要的，因为物料供应的延误或差错将影响生产动作计划的执行，有可能导致企业生产活动的延误甚至中断，进而带来失去顾客信誉和市场机会等多种严重后果。严格说来，订货跟踪是一种被动式的管理，这种问题的来源往往在于供应商自身的经营管理及与供应商的关系处理。如果在供应商选择上能严格把关，如果能恰当地处理与供应商的关系，给予必要的合作，这种问题就会大大减少。

（5）货到验收

如果供应商很可靠，这一步骤的工作就可省略。例如在日本，很多企业与他们的供应商之间就可做到货到无检验，直接送到生产线。

3.1.3 金蝶 K/3 的采购业务处理流程

通常，企业的采购业务比较复杂，处理的过程也各不相同。下面介绍采购业务的主流程，如图 3-2 所示，当然，此流程图的各项步骤也并非一成不变，有些步骤可以根据实际情况跳过免做。

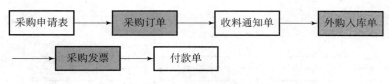

图 3-2 常用采购流程（货先到单后到）

其中，除付款单外，其他单据在采购系统处理。灰色单据是采购系统中最基本的业务流程。采购申请单和收料通知单可以根据企业需要选择是否使用。当然，外购入库单也可以在仓存系统新增。

该流程体现的实际业务是：货先到，发票后到，最后付款，同时，入库单和发票都在同一个期间入账，处理相对简单。

需要注意的是，如果发票和入库单不在同一个期间入账，则仓库账和财务账可能存在不一致的情况。为了保证账实相符，此时，需要财务根据入库单进行估价入账处理。

下面分别对图 3-2 中的单据进行逐一说明。

采购申请单是各业务部门或计划部门根据主生产计划、物料需求计划、库存管理需要、销售订货、零星需求等实际情况，向采购部门提请购货申请，并可批准采购的业务单据。

采购订单是企业采购部门根据各种采购申请单制订，并交给供应商作为订货依据的单据。采购订单是采购业务工作中非常重要的一个管理方式，通过采购订单可以直接向供应商订货并可查询采购订单的收料情况和订单执行状况。

收料通知单是采购部门在物料到达企业后，登记由谁验收、由哪个仓库入库等情况的详细单据，便于物料的跟踪与查询。此单据用户可以不填制，单据生成后必须要审核。收料通知单是采购系统与仓存系统连接的关键接口，仓存系统的外购入库单就可以根据其引入生成，它是物料入库的依据。

外购入库单，又称收货单、验收入库单等，是确认货物入库的书面证明。外购入库单不仅表现了货物转移，同时也是所有权实际转移的重要标志。

采购发票是供应商开给购货单位，据以付款、记账、纳税的依据，是财务上非常重要的一种原始单据。采购发票在形式上分为采购专用发票和采购普通发票，它们的区别在于专用发票涉及增值税，而普通发票不涉及，普通发票在格式上只比专用发票少了几个与增值税有关的项目，其他操作相同。不管是专用发票还是普通发票，都分蓝字、红字两种发票，蓝字发票是真正的采购发票，而红字采购发票则是指退货发票。

费用发票是运输单位开给购货单位或加工单位，用以付款、记账、纳税的依据。

除了图3-2所示的常用采购业务流程之外，还有单先到货后到（图3-3）、分次收到货物（图3-4）、一次购物分期付款、退货（图3-5）等多种情况。

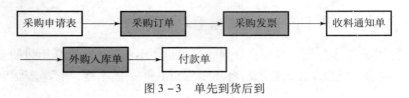

图3-3 单先到货后到

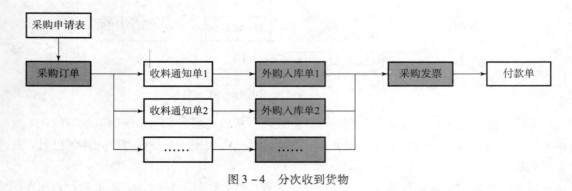

图3-4 分次收到货物

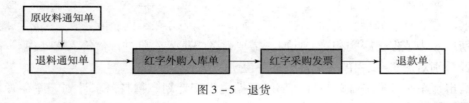

图3-5 退货

3.2 实验四 采购管理

3.2.1 实验目的

①掌握采购管理的业务操作。
②了解采购的业务流程。

3.2.2 实验准备

恢复实验三结束后的账套。

3.2.3 实验内容及步骤

1. 货先到单后到处理

2018-10-5采购部拟采购鼠标、电源各50个。2018-10-5采购部李勇向苏州电器厂订购鼠标、电源各 50 个，单价均为 10 元（不含税）。2018-10-6 货到，采购部通知原料仓库入库，仓库管理员陈力验收入原料库。2018-10-7 收到苏州电器厂开出的增值税发票，总金额 1 000 元，税额 170 元，同时还有代垫的 200 元（含税，税率 7%，以下同）的运费发票。

操作流程：

（1）采购申请单录入

步骤：单击"供应链"→"采购管理"→"采购申请"→"采购申请单新增"即可，如图 3-6 所示。

图 3-6 采购申请单

（2）采购订单录入

步骤：单击"供应链"→"采购管理"→"采购订单"→"采购订单新增"即可，如图 3-7 所示。

采购订单的生成有两种方法：一种是直接录入，一种是从采购申请单引入。

图 3-7 采购订单

(3) 收料通知单录入

步骤：单击"供应链"→"采购管理"→"收料通知"→"收料通知单新增"，如图3-8所示。

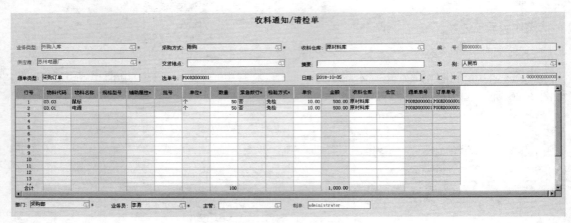

图3-8 收料通知单

(4) 外购入库单录入

步骤：单击"供应链"→"采购管理"→"外购入库"→"外购入库单新增"，如图3-9所示。

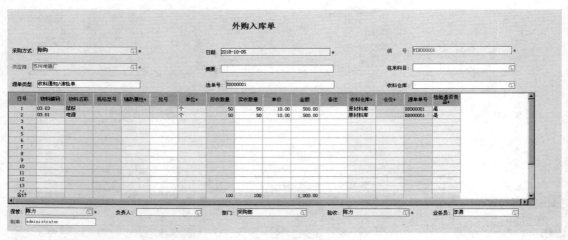

图3-9 外购入库单

(5) 采购发票录入

步骤：单击"供应链"→"采购管理"→"采购发票"→"采购发票新增"，如图3-10所示。

注：在首次录入发票前，应做检查。单击"系统设置"→"系统设置"→"仓存管理"→"系统设置"→"供应链整体选项"，确认"若应收应付系统未初始化，则业务系统发票不允许保存"不打钩。如果此栏打钩，并且应收应付系统未结束初始化，则发票不能保存。

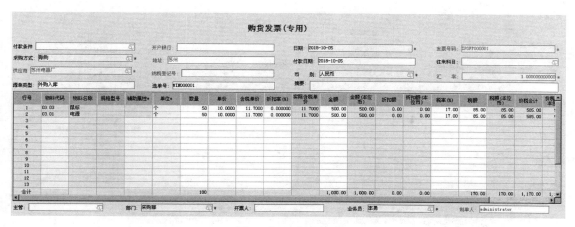

图 3-10 采购发票

（6）费用发票录入

步骤：单击"供应链"→"采购管理"→"费用发票"→"费用发票新增"，如图 3-11 所示。

注：先在基础资料的费用中增加一个费用（代号：01，名称：运费，费用类型：运费）。

图 3-11 费用发票

（7）钩稽（钩稽是指入库单与发票进行关联）

步骤：单击"供应链"→"采购管理"→"采购发票"→"采购发票维护"，如图 3-12 和图 3-13 所示。

（8）查询原材料库的库存信息

2. 单先到货后到处理

采购部李勇于 2018-10-6 向宁波泰信购买主板 100 个，单价 200 元（不含税）。2018-10-7 收到宁波泰信开出的增值税发票。2018-10-8 货到，当日采购部通知仓库入库，仓库管理员陈力验收入原材料库。

图 3 – 12　钩稽 – 采购发票页

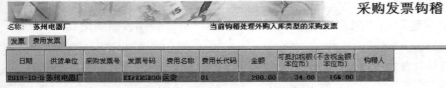

图 3 – 13　钩稽 – 费用发票页

操作流程：

（1）采购订单录入（图 3 – 14）

图 3 – 14　采购订单

（2）采购发票录入（图 3 – 15）

（3）收料通知单录入（图 3 – 16）

（4）外购入库（图 3 – 17）

（5）钩稽（图 3 – 18）

(6) 查询原材料库的库存信息

图 3-15　采购发票

图 3-16　收料通知单

图 3-17　外购入库

图 3-18 钩稽

3. 采购退货业务

2018-10-10 仓库人员陈力发现 2018-10-8 向苏州电器厂购买入库的电源 10 个有质量问题，采购部决定从原材料库退货。2018-10-10 收到苏州电器厂开出的红字增值税发票。

操作流程：

(1) 退料通知单录入

从原收料通知单引入。

步骤：单击"供应链"→"采购管理"→"退料通知"→"退料通知单新增"，如图 3-19 所示。

图 3-19 退料通知单

(2) 红字外购入库单录入

可直接录入或从退料通知单引入，或从原外购入库单获取。

步骤：单击"供应链"→"采购管理"→"外购入库"→"外购入库单新增"→"红字"，如图 3-20 所示。

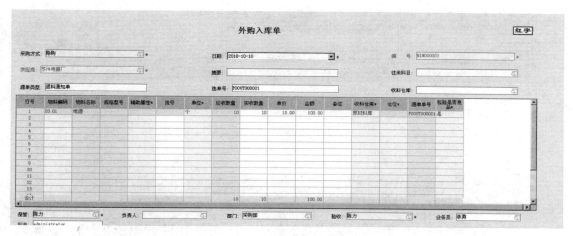

图 3-20 红字外购入库单

(3) 红字采购发票录入外购入库

步骤：单击"供应链"→"采购管理"→"采购发票"→"采购发票新增"→"红字"，如图 3-21 所示。

图 3-21 红字采购发票

(4) 钩稽

步骤：单击"供应链"→"采购管理"→"采购发票"→"采购发票维护"，如图 3-22 所示。

(5) 查询原材料库的库存信息

4. 一次购物分期付款

采购部李勇于 2018-10-10 向中山电机公司购买硬盘 1 000 个，单价 200 元（不含税）。2018-10-12 收到中山电机公司发来的硬盘 1 000 个，同日仓库入库。2018-10-18 收到中山电机公司开来的硬盘 300 个的增值税发票。2018-10-26 再次收到中山电机公司开来的硬盘 700 个的增值税发票。

图 3-22 钩稽

操作流程：

(1) 采购订单录入（1 000 个）（图 3-23）

图 3-23 采购订单

(2) 外购入库单录入（1 000 个）（图 3-24）

图 3-24 外购入库单

（3）采购发票录入（300 个）（图 3－25）

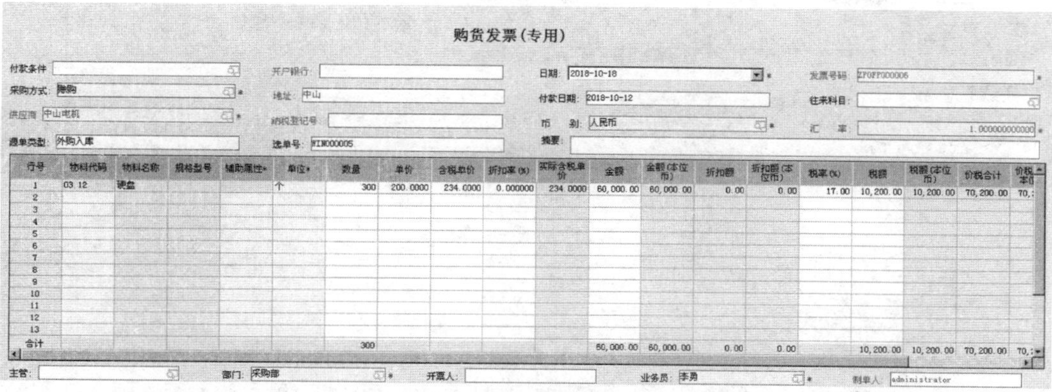

购货发票(专用)

付款条件： 开户银行： 日期：2018-10-18 发票号码：ZPOFP000006
采购方式：赊购 地址：中山 付款日期：2018-10-12 往来科目：
供应商：中山电机 纳税登记号： 币别：人民币 汇率：1.000000000000
源单类型：外购入库 选单号：WIN000005 摘要：

行号	物料代码	物料名称	规格型号	辅助属性*	单位*	数量	单价	含税单价	折扣率(%)	实际含税单价	金额	金额(本位币)	折扣额	折扣额(本位币)	税率(%)	税额	税额(本位币)	价税合计	价税本位
1	03.12	硬盘			个	300	200.0000	234.0000	0.000000	234.0000	60,000.00	60,000.00	0.00	0.00	17.00	10,200.00	10,200.00	70,200.00	70,:
2																			
3																			
4																			
5																			
6																			
7																			
8																			
9																			
10																			
11																			
12																			
13																			
合计						300					60,000.00	60,000.00	0.00	0.00		10,200.00	10,200.00	70,200.00	70,:

主管： 部门：采购部 开票人： 业务员：李勇 制单人：administrator

图 3－25　采购发票

（4）钩稽：入库单（300 个，部分）与一张采购发票（300 个）的钩稽（图 3－26）

采购发票钩稽

名称：中山电机　　当前钩稽处理外购入库类型的采购发票

发票 | 费用发票

本次钩稽数量	日期	供货单位	规格型号	单价	已钩稽数量	未钩稽数量	业务类型	核销标志	主管	审核日期	辅助属性	折扣额(本位币)	实际含税单价	传输标志
300	2018-10-1	中山电机		200.0000	0	300	外购入库	Y		2018-10-0		0.00	234.0000	

本次钩稽数量	日期	单据编号	物料名称	单位	批号	有效期至	采购方式	赠品单据号码	对应名称	对应代码	收料仓库代码	辅助单位
300	2018-10-1	WIN000005	硬盘	个			赊购				003	

图 3－26　钩稽

（5）采购发票录入（700 个）（图 3－27）

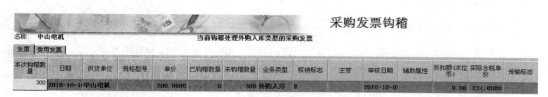

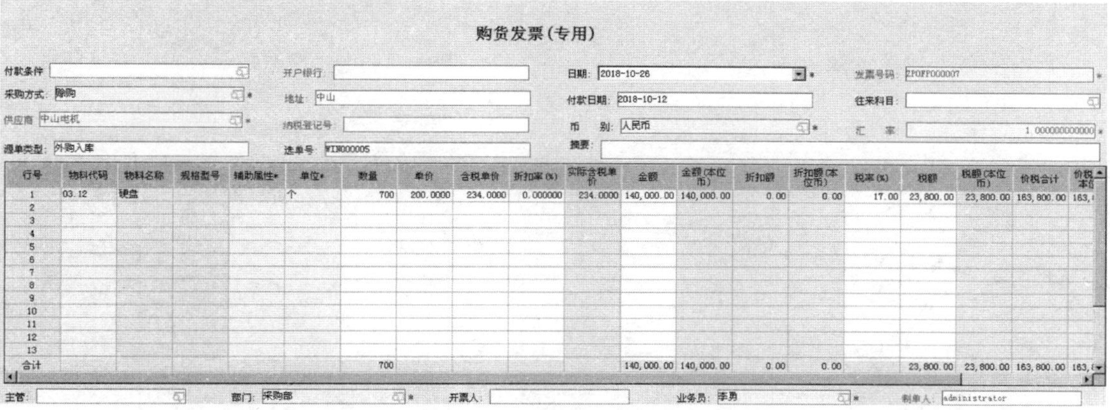

购货发票(专用)

付款条件： 开户银行： 日期：2018-10-26 发票号码：ZPOFP000007
采购方式：赊购 地址：中山 付款日期：2018-10-12 往来科目：
供应商：中山电机 纳税登记号： 币别：人民币 汇率：1.000000000000
源单类型：外购入库 选单号：WIN000005 摘要：

行号	物料代码	物料名称	规格型号	辅助属性*	单位*	数量	单价	含税单价	折扣率(%)	实际含税单价	金额	金额(本位币)	折扣额	折扣额(本位币)	税率(%)	税额	税额(本位币)	价税合计	价税本位
1	03.12	硬盘			个	700	200.0000	234.0000	0.000000	234.0000	140,000.00	140,000.00	0.00	0.00	17.00	23,800.00	23,800.00	163,800.00	163,(
2																			
3																			
4																			
5																			
6																			
7																			
8																			
9																			
10																			
11																			
12																			
13																			
合计						700					140,000.00	140,000.00	0.00	0.00		23,800.00	23,800.00	163,800.00	163,(

主管： 部门：采购部 开票人： 业务员：李勇 制单人：administrator

图 3－27　采购发票

(6) 钩稽：入库单（700个）与一张采购发票（700个）的钩稽（图 3-28）

图 3-28 钩稽

(7) 查询原材料库的库存信息

注：如果"采购系统支持部分钩稽"没有选中，则不支持部分钩稽。

3.2.4 实验总结

第4章

销售管理

4.1 背景知识

销售部门在企业的供需链中处于市场与企业的供应接口位置,主要职能是为客户与最终用户提供产品及服务,从而实现企业的资金转化并获取利润,为企业提供生存与发展的动力源泉,并由此实现企业的社会价值。

4.1.1 销售管理的业务概述

销售管理的主要业务如图4-1所示,主要包括:

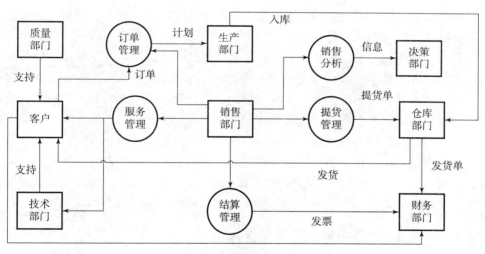

图4-1 企业销售管理业务流程

(1) 制定销售计划和产品报价

开拓市场,并对企业的客户进行分类管理,维护客户档案信息,制定针对客户的合理价格政策,建立长期稳定的销售渠道。

(2) 进行市场销售预测

市场预测指根据市场需求信息,进行产品销售的分析与预测。其过程是通过对历史的、现在的销售数据进行分析,同时结合市场调查的统计结果,对未来的市场情况及发展趋势做出推测,指导今后的销售活动和企业生产活动。销售预测是企业制订销售计划和生产计划的重要依据。

(3) 编制销售计划

销售计划的编制是按照客户订单、市场预测情况和企业生产情况，对某一段时期内企业的销售品种、各品种的销售量与销售价格做出安排。企业的销售计划通常按月制订（或按连接几个月的计划滚动）。企业也可以制订针对某个地区或某个销售员的销售计划。

销售管理的其他业务包括：

①根据客户需求的信息、交货信息、产品的相关信息及其他注意事项制订销售订单，并通过对企业生产可供货情况，以及产品定价情况和客户信誉情况的考察来确认销售订单。销售部门将销售订单信息传递给生产计划人员，以便安排生产，并进行订单跟踪与管理。销售订单是企业生产、销售发货和销售贷款结算的依据，销售订单的管理体制是销售工作的核心。

②按销售订单的交货期组织货源，下达提货单，并组织发货，然后将发货情况转给财务部门。销售发货管理的内容包括根据销售订单中已到交货期的订单进行库存分配，下达提货单。在工厂内交货的订单由用户持提货单到仓库提货；厂外交货的则按提货单出库并组织发运。

③开出销售发票向客户催收销售货款，并将发票转给财务部门记账。销售发票管理是对销售出去的产品开出销售发票，向客户收取销售货款，同时将发票转给财务部门记账。对于客户退货，可以开红字发票冲抵销售收入。销售账款结算是财务部门根据销售发票收取销售货款。将客户来款分配到未收款的销售发票上。对于拖欠货款的客户，销售人员要做好收款计划，同时要配合财务人员积极催款。

④对客户提供各种相关的服务，为进一步稳固市场与开拓市场打下基础。销售服务是企业对客户提供售前、售中和售后服务并进行跟踪。销售部门（或联系技术部门）解答售前客户对产品的技术咨询，跟踪合同、了解订单的交货情况，以及客户对产品质量、交货期的满意程度，提供售后服务支持（或联系技术部门），如产品安装、产品高度、产品维护和产品维修等，并向质量部门和技术部门提供产品的售后质量记录。

⑤进行销售与市场分析。销售统计分析是对各种销售信息进行汇总统计分析。对各种产品的订单订货情况、销售情况、订单收款情况、销售发货情况、销售计划完成情况及销售赢利情况等，从地区、客户、销售员及销售方式等多角度进行统计与分析。

4.1.2 金蝶 K/3 的销售业务处理流程

通常，企业的销售业务比较复杂，处理的过程也各不相同。下面介绍销售业务的主流程，如图 4-2 所示，当然，此流程图的各项步骤并非一成不变，有些步骤可以根据实际情况跳过免做。

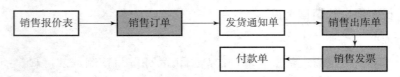

图 4-2 常用销售流程（货先发单后开）

其中，除收款单外，其他单据在销售系统处理。灰色单据是销售系统中最基本的业务流程。销售报价单和发货通知单可以根据企业需要选择是否使用。当然,销售出库单也可以在仓存系统新增。

该流程体现的实际业务是:货先发,发票后开,最后收款,同时,出库单和发票都在同一个期间入账,处理相对简单。

下面分别对图4-2中的单据进行逐一说明。

销售订单是客户资料根据销售报价单制订并提交给销售部门的订货单。

发货通知单是企业销售部门将销售产品给客户发货时,向仓库发出的发货通知单。它是销售部门与仓存系统链接的关键接口。

销售出库单,又称发货库单,是确认产品出库的书面证明,是处理包括日常销售、委托代销、分期收款等各种形式的销售出库业务的单据。

销售发票是企业销售产品时销售部门开具的发票,是付款、记账、纳税的依据,是财务上非常重要的一种原始单据。销售发票在形式上分为销售专用发票和销售普通发票,它们的区别在于专用发票涉及增值税,而普通发票不涉及。不管是专用发票还是普通发票,都分蓝字、红字两种发票,蓝字发票是真正的销售发票,而红字采购发票则是指退货发票。

销售费用发票主要用来处理销售过程中发生的或者代垫的费用,如运输费用等。

除了图4-2所示的常用销售业务流程之外,还有先开票后发货(图4-3)、分期发货销售(图4-4)、分期收款销售(图4-5)、退货(图4-6)等多种情况。

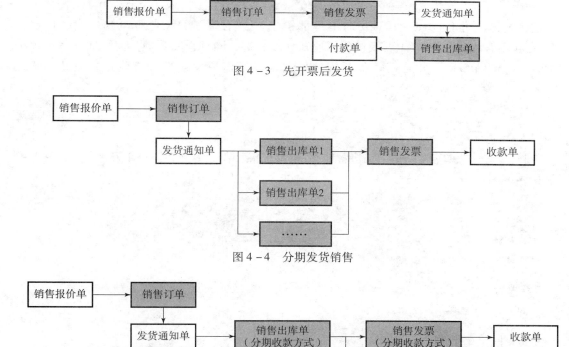

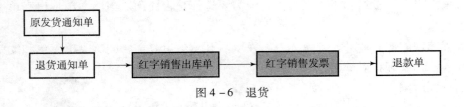

图 4-6 退货

4.2 实验五 销售管理

4.2.1 实验目的

①掌握销售管理的业务操作。
②了解销售的业务流程。

4.2.2 实验准备

恢复实验四结束后的账套。

4.2.3 实验内容及步骤

1. 先发货后开票处理

通达电器公司于 2018-10-6 向销售部销售人员王兵订购绿色牌电脑 5 台,销售价 6 000 元(不含税)。2018-10-8 销售部通知仓库发货,同日仓库管理员何佳向通达电器公司发绿色牌电脑 5 台,并且销售部开具销售发票(增值税发票)和应收运费发票 100 元(含税)。

操作流程:

(1) 销售订单录入

步骤:单击"供应链"→"销售管理"→"销售订单"→"销售订单新增",如图 4-7 所示。

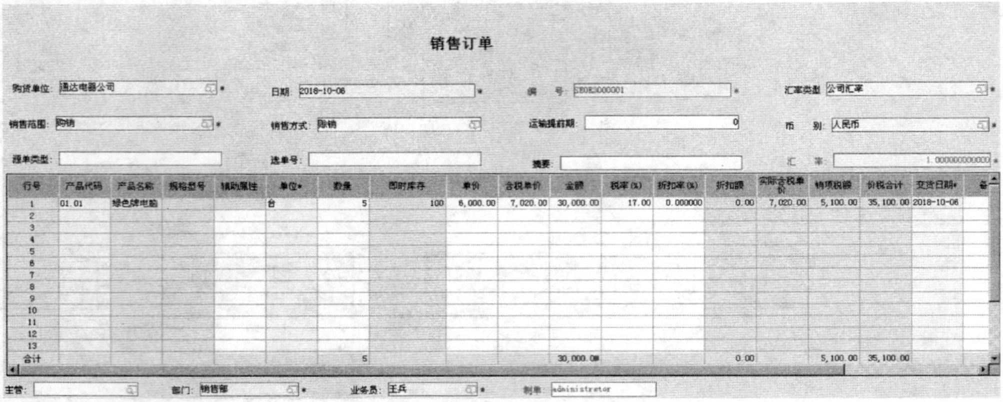

图 4-7 销售订单

(2) 发货通知单录入

步骤：单击"供应链"→"销售管理"→"发货通知"→"发货通知单新增"，如图4-8所示。

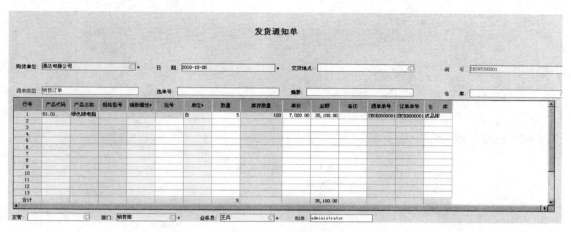

图4-8 发货通知单

(3) 销售出库单录入

步骤：单击"供应链"→"销售管理"→"销售出库"→"销售出库单新增"，如图4-9所示。

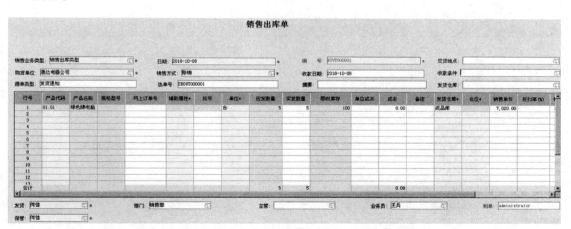

图4-9 销售出库单

(4) 销售发票录入

步骤：单击"供应链"→"销售管理"→"销售发票"→"销售发票新增"，如图4-10所示。

(5) 费用发票录入

步骤：单击"供应链"→"销售管理"→"费用发票"→"费用发票新增"，如图4-11所示。

图 4-10 销售发票

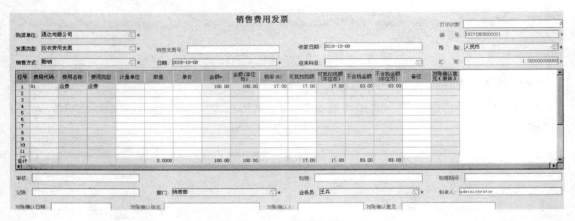

图 4-11 费用发票

(6) 钩稽（钩稽是指出库单与发票进行关联）

步骤：单击"供应链"→"销售管理"→"销售发票"→"销售发票维护"，如图 4-12 和图 4-13 所示。

图 4-12 钩稽-采购发票页

销售发票钩稽

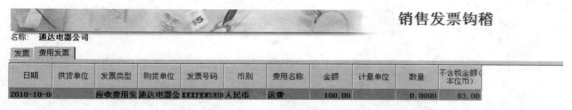

图 4-13　钩稽-费用发票页

（7）查询成品库的库存信息

2. 先开票后发货处理

陕西家电公司于 2018-10-5 向销售部订购绿色牌电脑 30 台，销售价 5 800 元（不含税）。2018-10-6 销售部开具销售发票（增值税发票）。2018-10-10 销售部通知成品仓库发货，同日仓库管理员何佳向陕西家电公司发绿色牌电脑 30 台。

3. 销售退货处理

通达电器公司 2018-10-8 购买的绿色牌电脑，其中 1 台因质量问题，于是 2018-10-9 要求退货，同日销售部通知仓库退货，仓库管理员何佳将退回的货物入成品库。2018-10-10 销售部开具红字销售发票（增值税发票）。

操作流程：

（1）退货通知单录入

从原发货通知单引入或从原销售发票引入。

步骤：单击"供应链"→"销售管理"→"退货通知"→"退货通知单新增"，如图 4-14 所示。

图 4-14　退货通知单

（2）红字销售出库单录入

可直接录入或从退货通知单引入，或从原外购出库单引入。

步骤：单击"供应链"→"销售管理"→"销售出库"→"销售出库单新增"→"红

字",如图4-15所示。

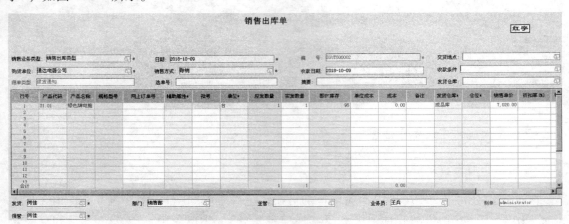

图4-15 红字销售出库单

(3) 红字销售发票录入

步骤：单击"供应链"→"销售管理"→"销售发票"→"销售发票新增"→"红字",如图4-16所示。

图4-16 红字销售发票

(4) 钩稽（图4-17）

图4-17 钩稽

（5）查询成品库的库存信息

4. 分期收款销售业务

2018－10－6 销售部销售人员王兵以分期收款方式向华北电子公司销售绿色牌电脑30台，销售价6 800元（不含税），同日仓库发货。2018－10－18 收到绿色牌电脑10台的货款，并于同日销售部开具销售发票（增值税发票）。2018－10－28 又收到华北电子公司绿色牌电脑20台的货款，并于同日销售部开具销售发票（增值税发票）。

（1）销售订单录入（30台）（图4－18）

图4－18　销售订单

（2）销售出库单录入（30台）（图4－19）

图4－19　销售出库单

（3）销售发票录入（10台）（图4－20）

（4）钩稽（部分钩稽）（图4－21）

（5）销售发票录入（20台）（图4－22）

(6) 钩稽（图4-23）

图4-20 销售发票

图4-21 钩稽

图4-22 销售发票

图 4-23 钩稽

5. 销售分期发货处理

2018-10-8 西安先锋公司销售部订购绿色牌电脑 20 台，销售价 5 500 元（不含税）。2018-10-10 仓库发出 10 台。2018-10-20 仓库又发出 10 个。2018-10-30 销售部开具绿色牌电脑 20 台的销售发票（增值税发票）。

（1）销售订单录入（20 台）（图 4-24）

图 4-24 销售订单

（2）销售出库单录入（10 台）（图 4-25）

（3）销售出库单录入（10 台）（图 4-26）

（4）销售发票录入（20 台）（图 4-27）

（5）钩稽：两张出库单与一张销售发票的钩稽（图 4-28）

图 4-25　销售出库单 1

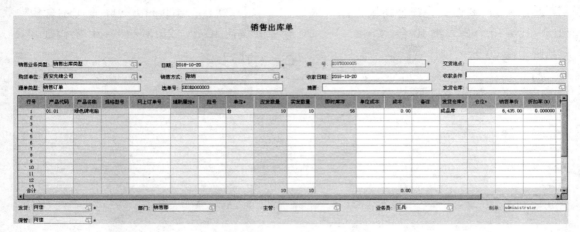

图 4-26　销售出库单 2

图 4-27　销售发票

图 4-28 钩稽

4.2.4 实验总结

第 5 章
仓存管理和委外管理

5.1 背景知识

5.1.1 仓存管理概述

仓存管理是企业供应链环节的重要组成部分，也是连接采购、生产和销售等的桥梁。仓存管理的好坏直接影响到生产及供应链其他环节的顺利运转，充足的存货供应可以保证生产的进度，准确及时的存货销售及结存数量可以帮助采购部门及时采购适销对路的商品，存货的库龄分析等可以帮助销售部门及时制定各种促销政策。此外，仓存管理的存货是企业重要的流动资产，管理的好坏也影响到企业资产能否保值或增值的问题。

1. 仓存管理的主要功能

仓存系统的操作相对简单，但仓存管理的对象却是企业进行生产发展必不可少的存货资料。金蝶 K/3 仓存系统根据企业的实际应用需要，提供了丰富的仓存管理功能，包括如下几个方面：

（1）批号管理

批号管理主要用于药品、食品等质量要求严格控制的商品。通过对进出仓库的每一笔存货批号的记录，可以追踪到每一批商品销售的对象、进货的供应商。一旦发现某批商品质量有问题，可以及时向销售的客户追回，并退回相应的供应商，或是追究生产人员的责任。

（2）库龄管理

库龄管理用于统计存货的流转状况。库龄时间越长的商品，周转期越长。针对不同库龄长短的商品，企业可以制定不同的销售政策，以加速商品的流转。

（3）保质期管理

当今激烈竞争的社会，质量是企业的生命线，保质期管理的重要性毋庸置疑。通过记录进出库商品的入库日期或生产日期，以及保质期时长，可以正确计算出商品的到期日期，再通过提前期的设置，在商品即将过期前提醒企业进行相关促销、降价的处理，可以有效地减少商品过期带来的损失。

（4）存量管理

存货的准备并不是越多越好，也不是越少越好。存货太多，将占用大量资金，降低资金的使用效率；存货太少，会影响企业正常生产。通过存量管理，设置每种存货的最高、最低存量及安全库存量，当超过警戒线时，系统会自动提醒企业进行采购处理。

2. 仓存管理与其他系统的关系

仓存管理系统与其他系统的关系如图 5-1 所示。

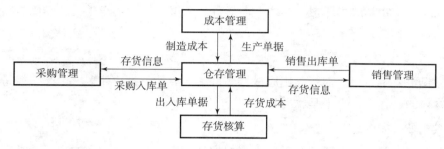

图 5-1 仓存系统关系图

①采购系统录入的采购入库单可以在仓存管理系统及时查询、审核等。

②销售系统录入的销售出库单可以在仓存管理系统及时查询、审核等。

③仓存系统的出入库单可以在核算管理系统按照系统设置中设置的存货计价方法进行成本的自动计算，计算的结果可以自动回填到出入库单中。

④仓存系统的领料单可以传入成本管理系统，作为产品生产成本的组成部分。通过成本管理系统计算出的产品的生产成本可以传入仓存系统的产品入库单中。

此外，还可以根据质量管理的采购检验的物料合格数量进行采购入库；依据生产任务管理系统和重复生产计划系统的产品任务和投料单进行生产领料和产品入库；依据委外加工管理的委外生产任务单和投料单进行委外加工生产领料和委外加工入库；根据车间作业管理系统的工序计划单进行工序领料等。

5.1.2 金蝶 K/3 的主要仓存管理业务

1. 入库业务

一般情况下，物料的入库按不同的来源渠道，分为外购入库、产品入库、委外加工入库、其他入库等。其中外购入库已在第 4 章介绍过。

（1）产品入库

产品入库是指企业对经过生产部门加工完成的半成品和产成品入库的一种供应链活动。产品入库是企业物料内部的流转。

（2）委外加工入库

委外加工与企业内部加工不同，委外加工是指企业由于设备资源或者产能不足，将部分工序或者部分零部件的加工任务委托给外部单位完成。委外加工也不同于外部采购，委外加工要求原材料由委托方提供，受托方只是代为完成加工任务。委外加工入库是指加工完的成品与半成品从受托方发到委托方，并入库的过程。

(3) 其他入库

其他入库主要是指接受产品捐赠或赠送入库。一般仓存人员在处理单据时，不必录入单位成本，入库产品成本由财务人员在存货核算系统中核定。

2. 出库业务

一般情况下，物料的出库按不同的去向，分为销售出库、生产领料、其他出库等。其中销售入库已在第5章介绍过。

(1) 生产领料

生产领料主要讲述生产部门领用原材料和自制半成品业务的处理。生产领料是企业生产产品领用材料的过程，实际上是物料出库。

(2) 其他出库

企业中有些不开销售发票的产品出库，如赠品，将企业自己生产的产品赠予客户，这些录入其他出库单。

3. 调拨业务

仓库调拨是指将物料从一个仓库转移到另一个仓库。

4. 库存盘点

库存盘点主要是指利用仓存系统与实际库存进行库存盘点的处理过程，以及发生盘盈盘亏的处理。其处理流程：

(1) 备份账存数据

选择需要盘点的仓库，备份该仓库的账存数据。它可以在任何时间进行，月中、月末都可以。

(2) 盘点表打印

打印库存盘点表是用于仓库管理人员记录实际库存数据。

(3) 录入盘点数据

将盘点的数据如实录入盘点表中。

(4) 编制盘点报告

盘点报告是根据盘点结果产生的报告。盘点报告显示物料在仓库中实际数量与账面数量之间的出入情况。

(5) 自动生成盘盈盘亏单据

盘盈单指该物料在仓库的实际数量大于账面数量。盘亏单指该物料在仓库的实际数量小于账面数量。

(6) 账面数据调整

经上级领导审核后，仓库管理人员根据盘盈盘亏单据调整账面数据。

5.1.3 委外加工

1. 委外加工的定义

委外加工是企业将原材料或半成品发出,加工后再收回仓库的一个过程,在此过程中,物料发生增值,其成本将会因加工费而增加。

2. 金蝶 K/3 的委外加工流程

委外加工业务处理流程如图 5-2 所示。

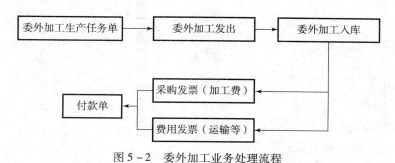

图 5-2 委外加工业务处理流程

①委外加工材料发出;
②委外加工成品入库;
③采购发票(委外产品加工费);
④费用发票(委外产品运输费等);
⑤钩稽;
⑥委外加工入库核算(核销、分配、核算)。

5.1.4 受托加工

1. 受托加工的定义

受托加工从业务流程上讲,与委外加工正好相反,是指企业接受其他企业的原材料或半成品,帮助其他企业加工成半成品或成品后再送回别的企业的过程,并收取加工费。

受托加工主要有以下两种方式:

①加工材料全部由委托加工方提供,加工企业进行加工,收取加工费。完工的产品只分摊费用。

②加工的主要材料由委托加工方提供,加工企业提供部分材料,进行加工,收取加工费和部分材料费。完工的产品计算材料的成本和加工费用。

2. 金蝶 K/3 的受托加工流程

受托加工业务处理流程如图 5-3 所示。

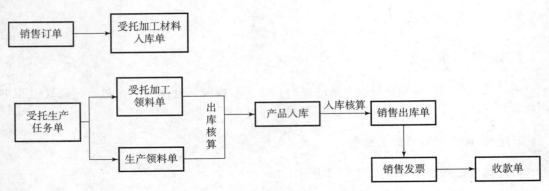

图 5-3 受托加工业务处理流程

①受托加工材料入库；
②受托加工领料；
③受托加工成品入库；
④受托加工成品出库；
⑤受托加工费发票录入；
⑥受托加工费用发票录入；
⑦钩稽。

5.2 实验六 仓存管理

5.2.1 实验目的

①掌握仓存管理的业务操作。
②了解仓存管理的业务流程。

5.2.2 实验准备

恢复实验五结束后的账套。

5.2.3 实验内容及步骤

1. 生产领料处理

装配车间于 2018-10-10 向原材料仓库领用 CPU、主板各 50 个用于生产。
操作流程：

（1）生产领单录入

步骤：单击"供应链"→"仓存管理"→"领料发货"→"生产领料新增"，如图 5-4 所示。

图 5-4 生产领单

（2）查询原材料仓库的库存信息

2. 产成品入库处理

装配车间于 2018-10-15 将做好的绿色牌电脑 100 台送成品库入库。
操作流程：

（1）产品入库单录入

步骤：单击"供应链"→"仓存管理"→"验收入库"→"产品入库新增"，如图 5-5 所示。

图 5-5 产品入库单

（2）查询成品库的库存信息

3. 仓库调拨业务处理

将飞利浦显示器从原材料仓库调拨到半成品库。
操作流程：

（1）调拨单录入

步骤：单击"供应链"→"仓存管理"→"仓库调拨"→"调拨单新增"，如图5-6所示。

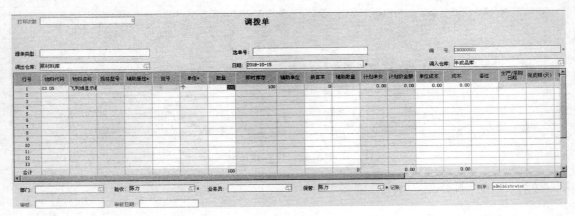

图5-6 调拨单

（2）查询原材料仓库、半成品仓库的库存信息

4. 其他入库业务处理

2018-10-15采购部李勇收到中山电机公司赠送的三星显示器1台做样品，入原材料库。

操作流程：

（1）其他入库单录入

步骤：单击"供应链"→"仓存管理"→"验收入库"→"其他入库新增"，如图5-7所示。

图5-7 其他入库单

（2）查询原材料仓库的库存信息

5. 其他出库业务处理

2018-10-8 销售部业务员王兵从成品仓库领出绿色牌电脑 1 台赠送西安先锋公司做样机。

操作流程：

（1）其他出库单录入

步骤：单击"供应链"→"仓存管理"→"领料发货"→"其他出库新增"，如图 5-8 所示。

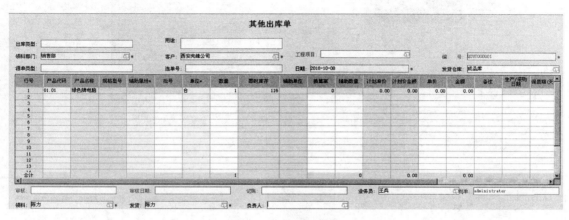

图 5-8 其他出库单

（2）查询成品存仓库信息

6. 仓库盘点业务处理

2018-10-25 仓库进行盘点，发现硬盘比账面多出 2 个，CPU 比账面少 5 个，进行盘盈盘亏处理。

操作流程：

（1）新建盘点方案

步骤：单击"供应链"→"仓存管理"→"盘点作业"→"盘点方案新建"，如图 5-9 所示。

（2）盘点数据录入

步骤：单击"供应链"→"仓存管理"→"盘点作业"→"盘点数据录入"，如图 5-10 所示。

（3）生成盘盈（盘亏）单

步骤：单击"供应链"→"仓存管理"→"编制盘点报告"→"盘盈单（盘亏单）"，如图 5-11 和图 5-12 所示。

ERP系统应用与实践（基于金蝶K3平台）

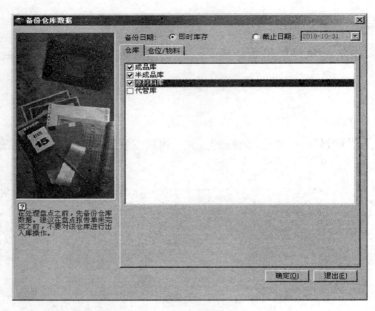

图 5-9　新建盘点方案

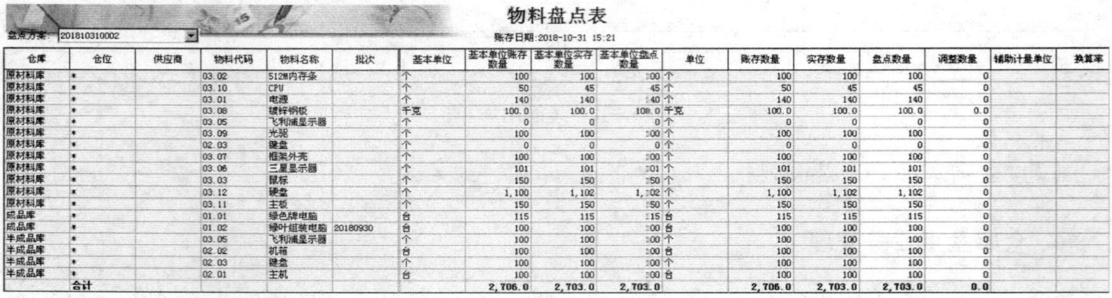

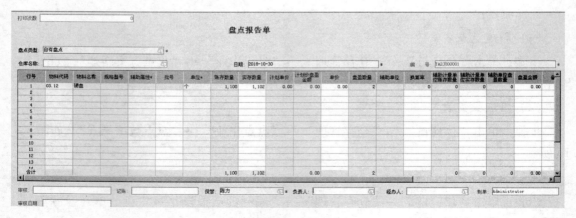

图 5-10　录入盘点数据

图 5-11　盘盈单

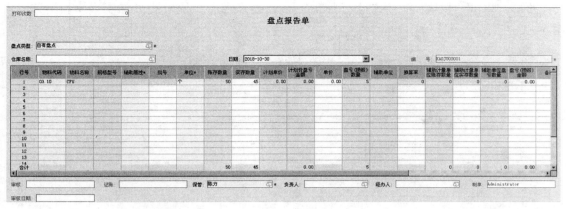

图 5-12　盘亏单

（4）查询原材料库的库存信息

5.2.4　实验总结

5.3　实验七　委外加工和受托加工

5.3.1　实验目的

①掌握委外加工和受托加工的业务流程。
②熟悉委外加工和受托加工的业务。
③学会委外加工和受托加工的业务操作。

5.3.2　实验准备

恢复实验六结束后的账套。

5.3.3　实验内容及步骤

1. 委外加工

1) 2018-10-5 采购部崔小燕从原料仓库领料镀锌钢板 100 千克，发送到苏州电器厂加工框架外壳。2018-10-15 苏州电器厂将加工好的框架外壳 40 个送回仓库，并开来加工发票金额 2 400 元（单价 60 元，不含税）及运费 400 元（含税）的发票。

操作流程：
①委外加工材料发出。
步骤：单击"供应链"→"委外加工"→"委外发出"→"委外加工出库新增"，如图 5-13 所示。
②委外加工入库。

步骤：单击"供应链"→"委外加工"→"委外入库"→"委外加工入库新增"，如图 5-14 所示。

图 5-13 委外加工出库

图 5-14 委外加工入库

③委外加工费发票录入。

步骤：单击"供应链"→"委外加工"→"委外加工入库维护"→"下推"，生成购货发票（专用），如图 5-15 所示。

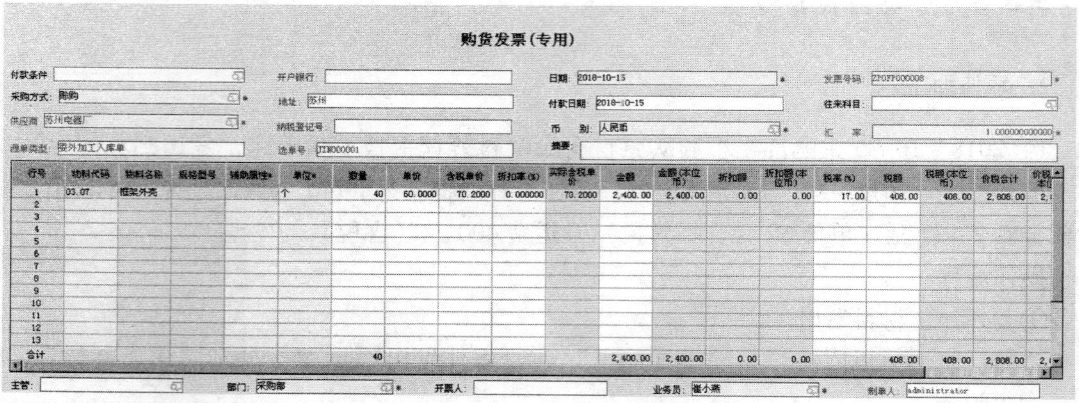

图 5-15 委外加工费发票

④费用发票录入。

步骤：单击“供应链”→“采购管理”→“费用发票”→“费用发票新增”，如图 5-16 所示。

费用发票

采购方式：赊购　付款日期：2018-10-15　应计成本费用：计入成本
供货单位：苏州电器厂　纳税登记号：　采购发票单号：　汇率类型：公司汇率
开户银行：　发票号码：EXPENSE000002　委外加工入库单号：　币 别：人民币
地址：苏州　往来科目：　日期：2018-10-15　汇 率：1.000000000000

行号	费用代码	费用名称	费用类型	计量单位	数量	单价	金额*	金额(本位币)	税率(%)	可抵扣税额	可抵扣税额(本位币)	不含税金额	不含税金额(本位币)	备注
1	01	运费	运费				400.00	400.00	17.00	68.00	68.00	332.00	332.00	
2														
3														
4														
5														
6														
7														
8														
9														
10														
11														
合计					0.0000		400.00	400.00		68.00	68.00	332.00	332.00	

审核：　审核日期：　钩稽人：　钩稽期间：
记账：　部门：采购部　业务员：崔小燕　制单人：administrator

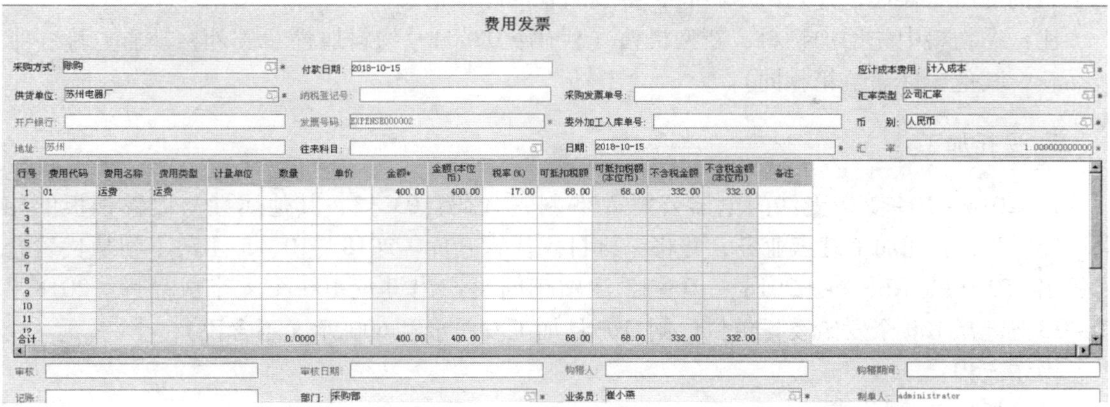

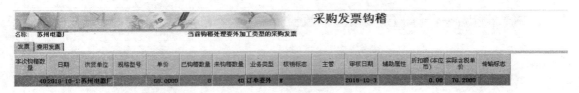

图 5-16　费用发票

⑤钩稽。

步骤：单击“供应链”→“采购管理”→“采购发票”→“采购发票维护”，如图 5-17 和图 5-18 所示。

注：一张入库单、一张加工发票、一张费用发票三者之间的钩稽。

采购发票钩稽

名称：苏州电器厂　当前钩稽处理委外加工类型的采购发票

发票 | 费用发票

本次钩稽数量	日期	供货单位	规格型号	单价	已钩稽数量	未钩稽数量	业务类型	核销标志	主管	审核日期	辅助属性	折扣额(本位币)	实际含税单价	传输标志
40	2018-10-1	苏州电器厂		60.0000	0	40	订单委外	N		2018-10-3		0.00	70.2000	

本次钩稽数量	日期	加工单位	委外类型	规格型号	单位	订单单号	倒冲标志
40	2018-10-1	苏州电器厂	普通订单		个		

图 5-17　钩稽-采购发票页

采购发票钩稽

名称：苏州电器厂　当前钩稽处理委外加工类型的采购发票

发票 | 费用发票

日期	供货单位	采购发票号	发票号码	费用名称	费用长代码	金额	可抵扣税额(本位币)	不含税金额(本位币)	钩稽人
2018-10-1	苏州电器厂		EXPENSE000	运费	01	400.00	68.00	332.00	

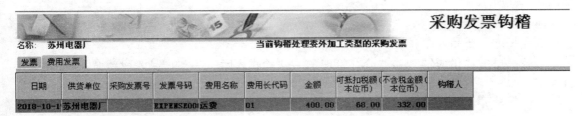

图 5-18　钩稽-费用发票页

2) 2018-10-10 采购部吴伟从原料仓库领出框架外壳、电源各 20 个，发送到温州亚泰集团采用新工艺加工新型机箱 20 个。2018-10-25 温州亚泰集团将加工好的新型机箱 20 个送回半成品仓库，并开来加工发票金额 200 元（不含税）及运费 50 元（含税）。请完成以上案例的所有操作，并列出原料仓、半成品仓的库存信息。

注：在物料中先增加物料：新型机箱（代码：02.04，物料属性：委外，缺省仓库：半成品仓，其他属性与机箱相同）。

2. 受托加工

1) 2018-10-2 接受江门电器公司 ABS 料（代码：03.13，其他属性与镀锌钢板的相同）150 千克委托加工键盘业务，并将该材料入代管仓库。2018-10-5 注塑车间从代管仓库领出 150 千克 ABS 料。2018-10-12 注塑车间生产出键盘 100 个入半成品库。2018-10-13 把键盘 100 个发给委托单位，同日开具加工发票金额 600 元（不含税）。

操作流程：

①受托加工材料入库。

步骤：单击"供应链"→"仓存管理"→"受托加工"→"受托加工材料入库新增"，如图 5-19 所示。

图 5-19 受托加工材料入库

②查询代管库。

③受托加工领料。

步骤：单击"供应链"→"仓存管理"→"受托加工"→"受托加工领料单新增"，如图 5-20 所示。

④查询代管库。

⑤受托加工产品入库。

步骤：单击"供应链"→"仓存管理"→"验收入库"→"产品入库新增"，如图 5-21 所示。

图 5-20 受托加工领料

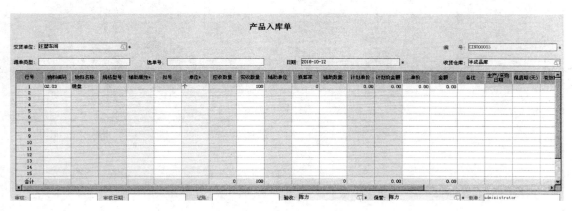

图 5-21 产品入库

⑥查询代管库、半成品库。

⑦受托加工产品出库。

步骤：单击"供应链"→"仓存管理"→"领料发货"→"销售出库新增"，销售业务类型选择"受托出库"，如图 5-22 所示。

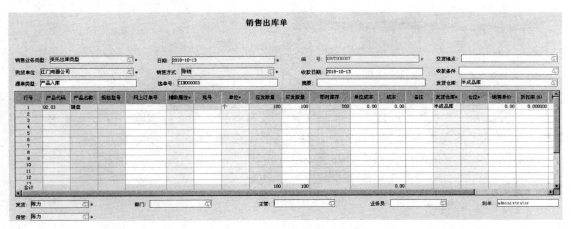

图 5-22 受托加工产品出库

⑧查询半成品库。

⑨受托加工费发票录入。

步骤：单击"供应链"→"销售管理"→"销售发票"→"销售发票新增"，如图5-23所示。

图5-23 受托加工费发票

⑩钩稽。

步骤：单击"供应链"→"销售管理"→"销售发票"→"销售发票维护"，如图5-24所示。

图5-24 钩稽

2）2018-10-5接受江门电器公司ABS料200千克委托加工键盘业务，并将该材料入代管仓库。2018-10-10注塑车间从代管仓库领出200千克ABS料。2018-10-12注塑车间生产出键盘130个入半成品库，并退回代管仓库ABS料5千克。2018-10-15把键盘130个和ABS料5千克发给委托单位，同日开具加工发票金额780元（不含税）。

①请完成以上案例的所有操作，并列出操作流程。

②查询原料仓、半成品仓和代管仓的库存信息。

5.3.4 实验总结

第三篇　生产管理篇

第 6 章
生产计划管理

6.1 背景知识

计划是企业管理的首要职能,企业只有具备了强有力的计划管理能力,才能增强企业的竞争实力,使企业在面对变化的市场需求和激烈的竞争压力时处于不败之地。ERP 的计划包含三大部分:主生产计划、物料需求计划和能力需求计划。

6.1.1 主生产计划

1. 主生产计划的定义

主生产计划(Master Production Schedule,MPS)是确定每一具体的最终产品在每一具体时间段内生产数量的计划。这里的最终产品是指对于企业来说最终完成、要出厂的完成品,它要具体到产品的品种、型号。这里的具体时间段,通常是以周为单位,在有些情况下,也可以是日、旬、月。主生产计划详细规定生产什么、什么时段应该产出,它是独立需求计划。

2. 主生产计划的作用

ERP 系统计划的真正运行是从主生产计划开始的,ERP 的计划管理可细分为以下几个层次,如图 6-1 所示。企业的物料需求计划、车间作业计划、采购计划等均来源于主生产计划,即先由主生产计划驱动物料需求计划,再由物料需求计划生成车间计划与采购计划,所以,主生产计划在 ERP 系统中起到承上启下的作用,实现从宏观到微观计划的过渡与连接。同时,主生产计划又是联系客户与企业销售部门的桥梁。主生产计划根据客户合同和市场预测,把经营计划或生产大纲中的产品系列具体化,使之成为展开物料需求计划的主要依据,起到了从综合计划向具体计划过渡的承上启下作用。

3. 主生产计划的计算流程

在主生产计划计算过程中,经常用到 8 个基本数量的概念。这些数量概念分别是预测量、订单量、毛需求量、计划接收量、预计可用库存量、净需求量、计划产出量、计划投入量。主生产计划的计算过程如图 6-2 所示。

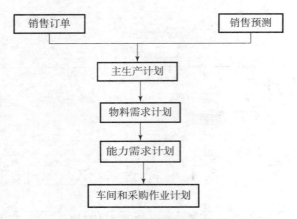

图6-1 ERP计划管理层次图

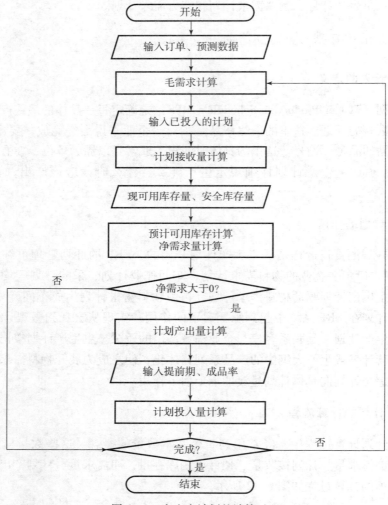

图6-2 主生产计划的计算过程

第一步：毛需求的计算。即由产品预测量和订单量确定的初步需求数量。

在计算主生产计划项目的毛需求量时,要充分考虑该项目所在的时区(需求时区、计划时区和预测时区),见表 6-1。

表 6-1 毛需求的计算

时区		需求时区			计划时区			预测时区		
时段		1	2	3	4	5	6	7	8	9	10
预测量		15	30	10	30	18	30	32	25	30	20
订单量		20	25	20	25	20	16	35	20	28	25
毛需求量		20	25	20	30	20	30	35	25	30	20

①在需求时区内,订单已经确定,客户需求便取代了预测值,此时毛需求量为客户订单数量。

②在计划时区内,需要将预测需求和实际需求加以合并,此时毛需求量通常为实际需求或预测数值中较大者。

③在预测时区内,毛需求量为预测值。

第二步:计算(读入)计划接收量与过去的库存数,见表 6-2。

表 6-2 计算(读入)计划接收量与过去的库存数

时区		需求时区			计划时区			预测时区		
时段		1	2	3	4	5	6	7	8	9	10
预测量		15	30	10	30	18	30	32	25	30	20
订单量		20	25	20	25	20	16	35	20	28	25
毛需求量		20	25	20	30	20	30	35	25	30	20
计划接收量		10									
预计可用库存量	16										

第三步:用分步法逐步计算出净需求量、计划产出量、预计可用库存量,见表 6-3。

表 6-3 计算出净需求量、计划产出量、预计可用库存

时区		需求时区			计划时区			预测试区		
时段		1	2	3	4	5	6	7	8	9	10
预测量		15	30	10	30	18	30	32	25	30	20
订单量		20	25	20	25	20	16	35	20	28	25
毛需求量		20	25	20	30	20	30	35	25	30	20
计划接收量		10									
预计可用库存量	16	6	11	11	11	11	11	6	11	11	11
净需求量		0	24	14	24	14	24	29	24	24	14
计划产出量			30	30	30	30	30	30	30	30	20

①净需求 = 本时段毛需求 - 本时段计划接收量 - 上一时段预计库存数量 + 安全库存量。
注：净需求必须大于等于 0。
②计划产出量：根据净需求及批量政策决定。当净需求 > 0 时，

$$计划产出量 = N \times 批量（N 为整数倍）$$

③预计可用库存 = 上一时段预计可用库存 + 本时段计划接受量 - 本时段毛需求量 + 本时段计划产出量

本例中采用固定批量法，批量为 10，安全库存为 5。
第四步：根据提前期计算计划投入量，见表 6-4。

表 6-4 计算计划投入量

时区		需求时区			计划时区				预测试区		
时段		1	2	3	4	5	6	7	8	9	10
预测量		15	30	10	30	18	30	32	25	30	20
订单量		20	25	20	25	20	16	35	20	28	25
毛需求量		20	25	20	30	20	30	35	25	30	20
计划接收量		10									
预计可用库存量	16	6	11	11	11	11	11	6	11	11	11
净需求量		0	24	14	24	14	24	29	24	24	14
计划产出量			30	20	30	20	30	30	30	30	20
计划投入量		30	20	30	20	30	30	30	30	20	

6.1.2 物料需求计划

1. 物料需求计划的定义

物料需求计划（Master Requirement Planning，MRP），是指在产品生产中对构成产品的各种物料的需求量与需求时间所做的计划。在企业的生产计划管理体系中，它一般被排在主生产计划之后，属于实际作业层面上的计划决策。

2. 物料需求计划的作用

物料需求计划主要解决以下五个问题：
①要生产什么？生产多少？（来源于 MPS）
②要用到什么？（根据 BOM 展开）
③已经有了什么？（根据物品库存信息、即将到货或产出信息）
④还缺什么？（计算出结果）
⑤何时安排？（计算出结果）
物料需求计划的基本指导思想是：在有需求的时候，向有需求的部门，按需求的数量，

提供该部门所需的物料。具体流程如图6-3所示。

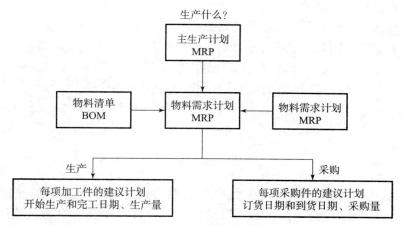

图6-3 MRP逻辑流程图

3. 物料需求计划的计算流程

MRP计算在很多方面与MPS类似，也涉及如下八个基本概念：预测量、订单量、毛需求量、计划接收量、预计可用库存量、净需求量、计划产出量、计划投入量，具体计算过程如下。

第一步：计算物料毛需求量。物料的毛需求包括其本身的独立需求量和由其父项根据产品结构展开产生的该物料的相关需求量。

$$毛需求量 = 独立需求 + 父项的相关需求$$

其中 $$父项的相关需求 = 父项的计划订单数 × 项目用量因子$$

例如，企业可能有多个产品，如A、X都需要用到D（相关需求），同时，Q厂也向本厂订购了D（独立需求），此时应将D零件的毛需求按期间综合计算，计算过程如图6-4所示。

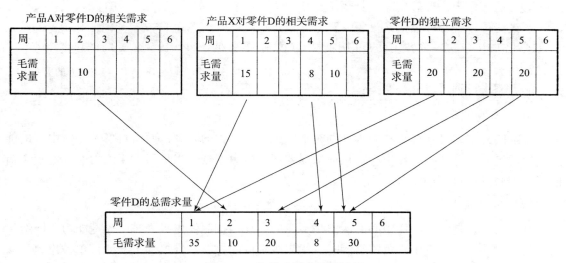

图6-4 物料毛需求计算过程

第二步：计算净需求量。

第三步：计算计划产出量。

第四步：生成订单计划和下达订单计划。

考虑损耗系数和提前期，下达订单计划，即计划投入量和投入的时间。

$$计划投入量 = 计划产出量/损耗系数$$

$$计划投入时间 = 计划产出时间 - 提前期$$

6.1.3 能力需求计划

1. 粗能力计划

粗能力计划（RCCP）是对关键工作中心的能力进行运算而产生的一种能力需求计划，它的计划对象只是"关键工作中心"的能力，计算量要比能力需求计划小许多。主生产计划的可行性主要通过粗能力计划进行校验，主生产计划和粗能力计划的关系如图6-5所示。

2. 细能力计划

能力需求计划（Capacity Requirement Planning，CRP）也称细能力需求计划，是对各生产阶段、各工作中心（工序）所需的各种资源进行精确计算，得出人力负荷、设备负荷等资源负荷情况，并做好生产能力与生产负荷的平衡工作，制订出能力需求计划。

CRP 主要用来解决如下问题：

①在一定计划时段，各个物料经过哪些工作中心进行加工？

②这些工作中心的可用能力是多少？

③这些工作中心的负荷又是多少？

④工作中心的各个时段的可用能力与负荷分别是多少？

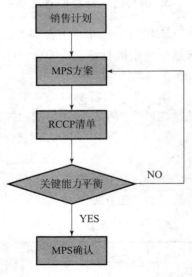

图 6-5 MPS 与 RCCP 的关系

能力需求计划可以分为两类：

（1）无限能力计划

无限能力计划是在做物料需求计划时不考虑生产能力的限制，而后对各个工作中心的能力、负荷进行计算得出工作中心的负荷情况，产生能力报告。当负荷大于能力时，对超负荷的工作中心进行负荷调整。

（2）有限能力计划

有限能力计划认为工作中心的能力是不变的，计划按照优先级安排，先把能力分配给优先级高的物料，当工作中心负荷已满时，优先级别低的物料被推迟加工，即订单被推迟。该方法计算出的计划可以不进行负荷与能力平衡。

3. 细能力需求计划（CRP）与粗能力需求计划（RCCP）的区别（表6-5）

表6-5 细能力需求计划（CRP）与粗能力需求计划（RCCP）的区别

项目	粗能力需求计划	细能力需求计划
计划阶段	MPS 制定阶段	MRP 制定阶段
能力计划对象	关键工作中心	各个工作中心
计划的订单类型	计划及确认的订单（不含已下达的计划订单）	全部订单（含已下达的计划订单）
使用的工作日历	工厂工作日历或工作中心日历	工作中心工作日历
计划的提前期考虑	偏置天数	开始、完工时间，有时精确到小时

6.2 实验八 生产计划管理

6.2.1 实验目的

①掌握物料清单的构造方法。
②熟悉 MPS、MRP 计划的计算方法。
③学会 MPS、MRP 计划操作。

6.2.2 实验准备

①恢复实验七结束后的账套。
②检查并记录库存信息。

6.2.3 实验内容及步骤

1. 物料清单（BOM）录入

（1）BOM 单组别录入

按表6-6 的内容输入 BOM 组别。

表6-6 BOM 级别

代码	名称
01	成品
02	半成品
03	原材料

步骤：单击"计划管理"→"生产数据管理"→"BOM 维护"→"BOM 新增"→"BOM 单组别"。

(2) 物料清单（BOM）资料录入

录入表 6-7~表 6-13 所示的 7 张 BOM 表，表中未给出的采用默认设置。

①BOM 单 1：01.01 绿色牌电脑，BOM 组别：成品，如图 6-6 所示。

表 6-7 绿色牌电脑 BOM 表

物料代码	物料名称	单位	用量
03.06	三星显示器	个	1
02.01	主机	个	1
03.03	鼠标	个	1
02.03	键盘	个	1

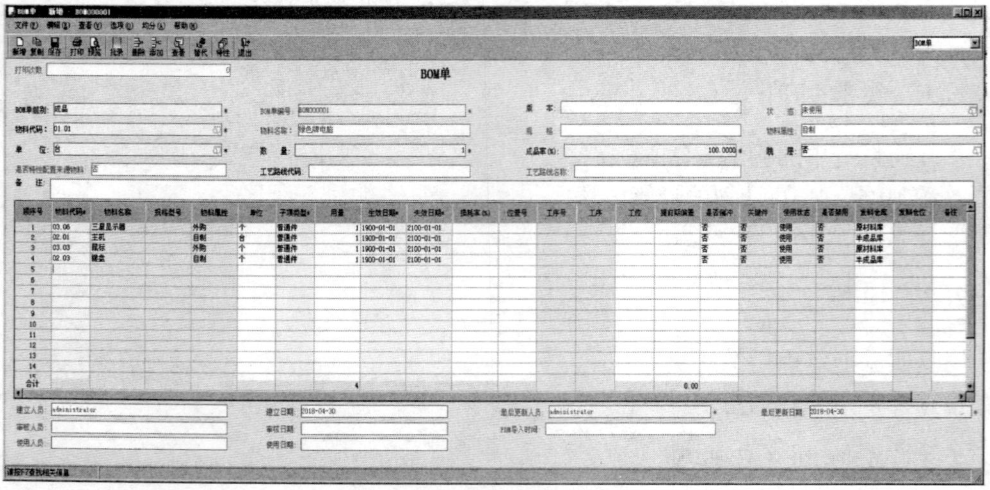

图 6-6 绿色牌电脑 BOM 设置

②BOM 单 2：02.01 主机，BOM 组别：半成品。

表 6-8 主机 BOM 表

物料代码	物料名称	单位	用量
02.02	机箱	个	1
03.10	CPU	个	1
03.02	512 MB 内存	个	2
03.11	主板	个	1
03.09	光驱	个	1
03.12	硬盘	个	1

③BOM 单 3：02.02 机箱，BOM 组别：半成品。

表 6-9 机箱 BOM 表

物料代码	物料名称	单位	用量
03.01	电源	个	1
03.07	框架外壳	个	1

④BOM 单 4：03.07 框架外壳，BOM 组别：原材料。

表 6-10 框架外壳绿色牌电脑 BOM 表

物料代码	物料名称	单位	用量
03.08	镀锌钢板	千克	2.5

⑤BOM 单 5：02.03 键盘，BOM 组别：半成品。

表 6-11 键盘 BOM 表

物料代码	物料名称	单位	用量
03.13	ABS 料	千克	1.5

⑥BOM 单 6：01.02 绿叶组装电脑，BOM 组别：成品。

表 6-12 键盘 BOM 表

物料代码	物料名称	单位	用量
03.04	显示器	个	1
02.01	主机	个	1
03.03	鼠标	个	1
02.03	键盘	个	1

⑦BOM 单 7：03.04 显示器，BOM 组别：原材料。

表 6-13 显示器 BOM 表

物料代码	物料名称	单位	用量	计划百分比/%
03.06	三星显示器	个	1	40
03.05	飞利浦显示器	个	1	60

(3) 使用 BOM

每一张已审核的 BOM 表，必须设为"使用"状态，才可被引用。

步骤：单击"计划管理"→"生产数据管理"→"BOM 维护"→"BOM 维护"，进入 BOM 维护过滤界面，单击"确定"按钮，进入 BOM 资料维护窗口，选择 BOM，单击工具栏上的"使用"按钮。

2. 工作中心录入

按表6-14的内容输入工作中心资料。其中工作中心的属性均设为"关键工作中心"。

步骤：单击"系统设置"→"基础资料"→"公共资料"→"工作中心"，单击工具栏上的"新增"按钮。

表6-14 工作中心

代码	名称	所属部门	班制代码	能力计算类型
001	注塑	注塑	一班制	设备
002	喷油	喷油	一班制	设备
003	装配	装配	一班制	设备
004	剪板	剪板	一班制	设备
005	冲压	冲压	一班制	设备

3. 生产资源录入

先新增组别（代码：1，名称：设备），在该组别下设置表6-15所示生产资源。

步骤：单击"计划管理"→"生产数据管理"→"基础资料"→"资源清单"。

表6-15 生产资源

资源代码	名称	所属工作中心	类型
101	1号冲床	冲压	设备
102	2号冲床	冲压	设备
201	1号剪板机	剪板	设备
301	1号喷油机	喷油	设备
401	1号注塑机	注塑	设备
402	2号注塑机	注塑	设备
501	1号装配机	装配	设备
502	2号装配机	装配	设备

4. 工艺路线设置

先新增组别（代码：1，名称：电脑），在该组别下新增如下两条工艺路线，如图6-7所示。

①主机工艺（三个工序：冲压、注塑、喷油），物料为主机。
②电脑组装工艺（两个工序：剪板、装配），物料为绿色牌电脑。

步骤：单击"计划管理"→"生产数据管理"→"工艺路线"→"工艺路线"→

"新增"。

若工序还没输入,则在"工序代码"字段,按 F7 键,进行工序资料建立。建立如表 6-16 所示工序。

表 6-16 工序

代码	名称
1	注塑
2	喷油
3	装配
4	剪板
5	冲压

图 6-7 主机工艺路线新增

5. 主生产计划编制

(1) 计划展望期维护

计划展望期是主生产计划计算的时间范围,至少应设置为大于产品的最长生产周期。按图 6-8 录入计划展望期。

步骤:单击"计划管理"→"主生产计划"→"系统设置"→"计划展望期维护"。

(2) MPS 方案维护

按图 6-9~图 6-11 所示设置 MPS 方案,图中未显示的参数设为默认值。

步骤:单击"计划管理"→"主生产计划"→"系统设置"→"MPS 计划方案维护",选择"MTO(SYS)"→"修改"。

案例:2018-10-6,陕西家电公司订购绿色牌电脑 500 台,要求 2018-10-25 交货,企业根据此订单制作生产计划。

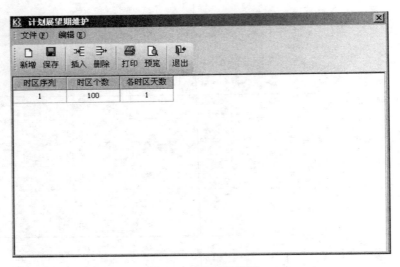

图 6-8 计划展望期

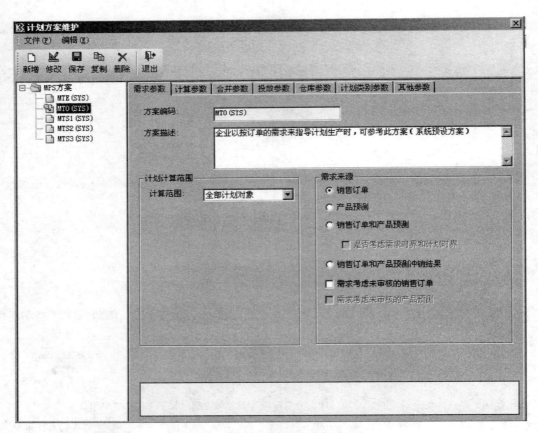

图 6-9 MPS 方案需求参数设置

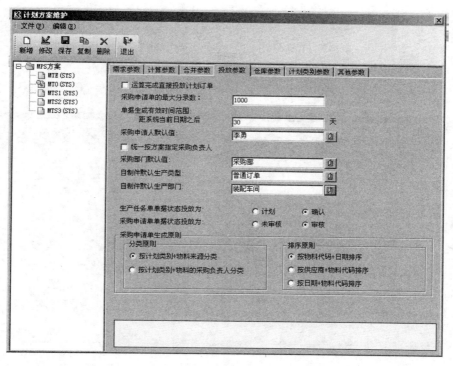

图 6-10　MPS 方案投放参数设置

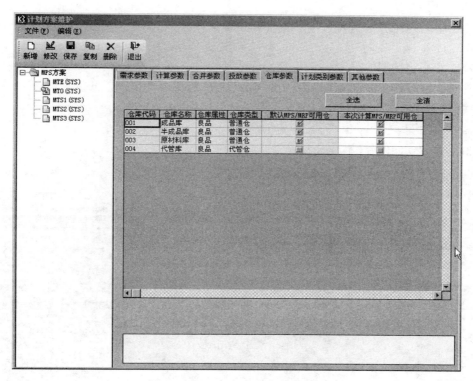

图 6-11　MPS 方案仓库参数设置

操作流程：
① 检查单据。
建议将其他销售订单和采购订单关闭，否则会影响本次订单的生产计划。
② 销售订单录入，如图6-12所示。
步骤：单击"供应链"→"销售管理"→"销售订单"→"销售订单新增"。

图6-12 销售订单录入

注：建议交货日期为2018-10-25（必须录入）。
③ MPS计算。
步骤：单击"计划管理"→"主生产计划"→"MPS计算"。
注：计算过程中要进行BOM单嵌套查询、BOM单完整性检查、低位码维护。
运算方案为MTO（SYS）。
④ 查看MPS结果（与手工计算核对）。
⑤ MPS审核，如图6-13所示。
步骤：单击"计划管理"→"主生产计划"→"MPS维护"→"MPS计划订单维护"→"审核"。

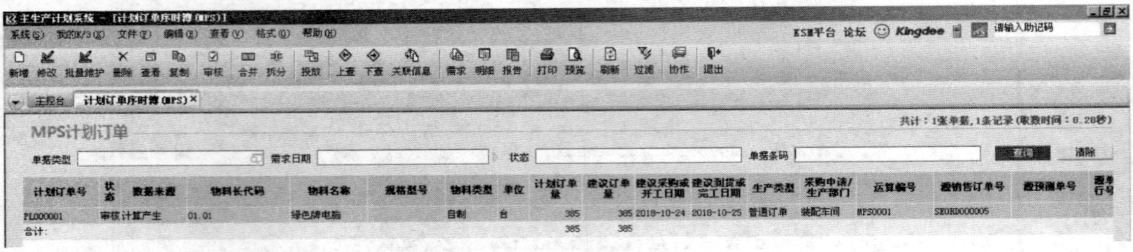

图6-13 MPS审核

6. 物料需求计划（MRP）编制

（1）MRP 方案维护

按图 6-14 所示设置 MRP 方案，图中未显示的参数参考 MRP 方案设置。

步骤：单击"计划管理"→"物料需求计划"→"系统设置"→"MRP 计划方案维护"，选择"MTO（SYS）"→"修改"。

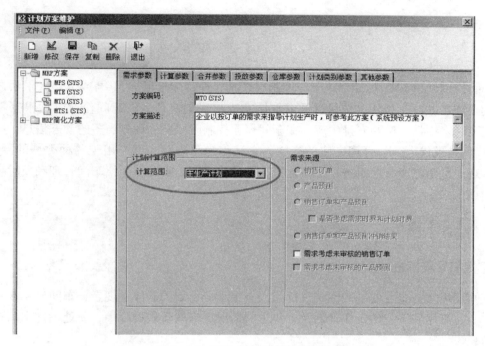

图 6-14　MPS 方案需求参数设置

（2）MRP 计算

运算方案为 MTO（SYS）。

注：镀锌钢板和 ABS 料的批量增量如果不为 0.1，则应先在基础资料中的物料中修改。

（3）查看 MRP 结果（与手工计算核对）

步骤：单击"计划管理"→"物料需求计划"→"MRP 维护"→"MPS 计划订单维护"→"计划订单查询"。

（4）MRP 审核

6.2.4　实验总结

第 7 章
生产车间管理

7.1 背景知识

车间管理处于 ERP 的计划执行与控制层,其管理目标是根据 MRP 或 FAS(最后总装计划)的要求,按时、按质、按量且低成本地完成加工制造任务。车间作业管理根据零部件的工艺路线来制订工序和安排生产。在车间作业控制阶段要处理相当多的动态信息。准时生产(JIT)是现代生产与管理方法的产物,它又称为零库存,可应用于各种类型的制造业,其基本观点是消除所有的浪费,不断地提高劳动生产率。本章将介绍车间管理和及时生产的有关知识。

7.1.1 车间管理

1. 车间管理概述

车间管理作为企业的基础性管理部门,是主生产计划的具体实现者,车间计划涉及每个工作中心、工序和工位的工作计划及工作进展情况。车间管理过程中,要处理许多动态的数据与信息。

2. 车间管理的任务

车间管理的任务是确认和接收上级的生产计划,统计生产完成情况和主要经济技术指标,以及对车间内部的人员管理、设备管理和物料管理等。流程企业的车间相对简单,主要根据计划进行领料、投料和控制生产过程,保证产品的高效产出。由于流程工业的自动化程度高,产量、主要经济技术指标、设备状况及人员的出勤状况都可以通过计算机进行自动记录;而离散的车间管理相对复杂,包含了生产计划的接收、确认、生产调度,以及按订单的生产率、工时、设备工时及其他费用的记录,这些数据无法自动填入。

车间管理工作的主要任务包括以下内容。

①按 MRP 或 FAS 生成车间任务。MRP 生成并确认后,就进入了计划控制层。MRP 提供了各种物料的计划需求日期(可以包括开始投入日期)。车间接收的 MRP 订单是生产计划员根据理想状态的资料制定的,所以在投放前要仔细核实车间的实际情况,包括检查工作中心、工具、物料及生产提前期的有效性,解决计划与实际间存在的问题等。最后建立和落实车间任务,做出各物料加工的车间进度计划(加工单)。

②生成各工作中心的加工任务,进行作业排序。工作中心的加工任务也称工作中心进度

表,是根据工作中心正在加工的情况、已经进入该工作中心(排队等候)的情况和即将到达的加工任务情况做出的任务计划,从而控制生产过程中任务的流动和优先级。

③下达生产指令,进行生产调度、生产进度控制与生产作业控制。生产进度控制贯穿了整个生产过程,完整的进度控制包括投入进度控制、工序在制进度控制和产出进度控制。生产控制活动在制造业的生产管理中占据着非常重要的位置。生产计划一旦下达并实施,生产控制活动就同时开始运作。生产控制的主要内容是进度控制、质量控制、车间物流控制与成本控制。

④能力的投入/产出控制。调度与控制投入/产出的工作量,平衡与充分发挥各工序能力,同时控制投入/产出的物品流动,控制在制品库存量,保持物流平衡有序。

⑤记录加工信息。记录加工信息有助于计划和控制生产活动,保证产品质量,记录实际生产成本。一般加工信息记录了工艺路线中每道工序的情况,包括发放到工序上的数量、在工序上加工的数量、已经加工完成的数量、已转下道工序的数量、在工序中报废的数量、工序计划开始与结束的时间、实际加工的开始与结束时间、物料的计划和实际发放量、加工工作中心、加工人员或班组、加工工时、台时、完工数量、完工时间、废品数量和费用等。

⑥在制品管理。由于物料占用了企业的大量资金,是生产成本的主要构成部分,车间必须对原材料、半成品及成品的数量加以严格的管理,要有科学合理的管理方法。对车间物料要定期组织盘点和及时进行调整,并要总结分析加以预防控制。

⑦统计分析。对车间生产过程的各种信息进行统计与分析,用以改进车间管理工作。统计分析包括进度分析、在制物流分析、投入产出分析、工作效率分析、车间成本分析及车间人员考勤分析等。

总之,车间管理模块的作用是编制生产计划,管理生产过程的人、物、机械设备和时间等。该系统使用可行的自动化处理系统来代替人工系统,帮助车间管理人员监督和控制车间生产活动,同时帮助企业提高劳动生产率,减少车间在制品数量,提高产品质量。

3. 车间管理子系统与其他子系统的关系

车间管理子系统与其他子系统的关系如图7-1所示。

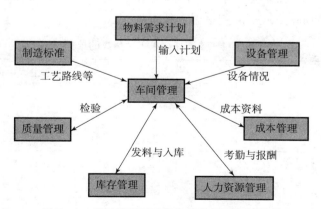

图7-1 车间管理子系统与其他子系统的关系

4. 金蝶 K/3 ERP 生产车间管理主要功能

(1) 生产任务管理
➢ 生产任务单
➢ 生产任务改制
➢ 生产投料
➢ 模拟发料
➢ 任务单汇报

(2) 委外加工管理
➢ 委外工序转出单
➢ 委外工序接收单

(3) 车间作业管理
➢ 工序计划单
➢ 派工单
➢ 工序汇报
➢ 工序转移单
➢ 在制品管理
➢ 计时计件工资

(4) 重复生产管理

7.1.2 生产任务管理

生产任务管理的业务流程如图 7-2 所示。

1. 任务单下达

生产任务以指令的形式下达给生产车间作为其可以正式开工的依据。根据生产类型的不同，生产任务单下达后将形成不同的单据，见表 7-1。

表 7-1 生产任务单下达生成的单据

生产类型	下达生成单据
普通订单	投料单
工序跟踪普通订单	1. 投料单 2. 工序计划单

2. 生产投料

生产任务确认后，生产计划员或物料计划员将物料分配给指定生产任务的业务处理，也可由系统自动分配。

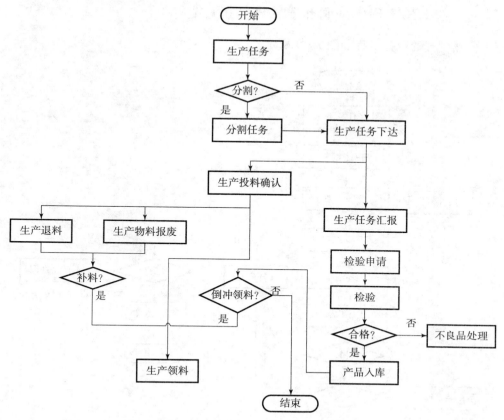

图7-2 生产任务管理的业务流程

生产任务管理系统充分考虑用户的多样化的使用要求，具有高度灵活的生产投料处理。生产计划员或物料计划员可根据客户订单的要求、工程更改的变化、物料的库存变化、生产现场的反馈灵活制订投料计划。

3. 任务单汇报

对于重复性装配或流程性生产企业，可能在企业的实际管理业务中没有跟踪工序的必要，此时可以进行生产任务的直接汇报。

生产任务的汇报，主要汇报开工与完工时间、生产数量与生产工时、生产质量情况。可以分班组人员、设备、生产线进行汇报，并可同时汇报、多次汇报。

4. 任务单结案

除可以手工结案外，当满足以下条件时，任务单自动结案：
①任务单全部领料；
②任务单产品全部入库；
③在制品数量为零。

7.1.3 金蝶 K/3 ERP 车间作业管理业务流程

车间作业管理的业务流程如图 7-3 所示。

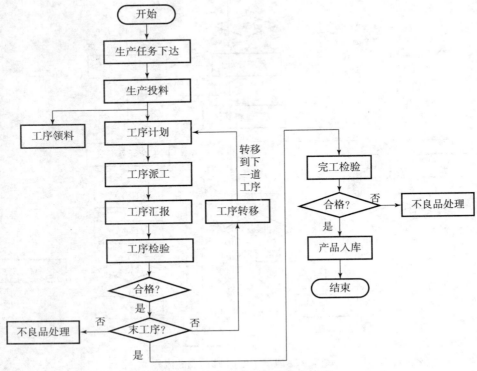

图 7-3 生产任务管理的业务流程

其中工序派工是指将工序计划按日期、数量分派到具体的班组、操作工、设备。工序汇报是指在工序的执行过程中或完成后将生产日期、数量、质量、工时等信息汇报入系统的业务。工序转移记录首道工序接收、工序间在制品转移、末道工序移交的情况，包括数量、时间、转移人、接收人等信息。

7.2 实验九 生产任务管理

7.2.1 实验目的

①了解企业产品生产的业务流程。
②掌握普通订单生产任务的工作流程。

7.2.2 实验准备

恢复实验八结束后的账套。

7.2.3 实验内容及步骤

提示：

（1）绿色牌电脑的生产顺序

①键盘（普通订单）、框架外壳（委外）。

②机箱（普通订单）。

③主机（工序跟踪）。

④绿色牌电脑（工序跟踪）。

（2）主生产计划（MPS）和物料需求计划（MRP）投放产生的单据

①采购申请单（外购类物料）。

②生产任务单（自制类物料）。

③委外采购申请单（委外类物料）。

1. 生产计划的下达

（1）主生产计划投放

步骤：单击"计划管理"→"主生产计划"→"MPS 维护"→"MPS 计划订单维护"→"投放"，如图 7-4 所示。

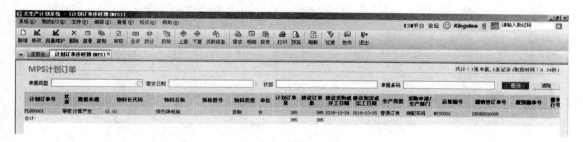

图 7-4　主生产计划

（2）物料需求计划投放

步骤：单击"计划管理"→"物料需求计划"→"MRP 维护"→"MPS 计划订单维护"→"投放"，如图 7-5 所示。

注：如果计划还未审核，则应先审核。

（3）查询采购申请单、生产任务单、委外加工采购申请单

步骤1：单击"供应链"→"采购管理"→"采购申请"→"采购申请单维护"，如图 7-6 所示。

步骤2：单击"生产管理"→"生产任务管理"→"生产任务单维护"，如图 7-7 所示。

步骤3：单击"供应链"→"委外加工"→"采购申请"→"采购申请单维护"，如图 7-8 所示。

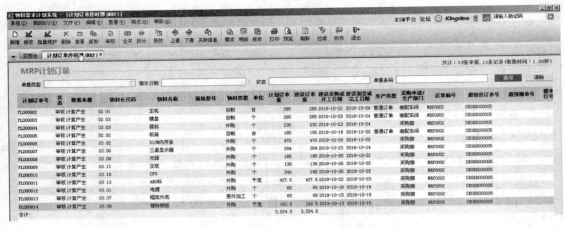

图 7-5 物料需求计划

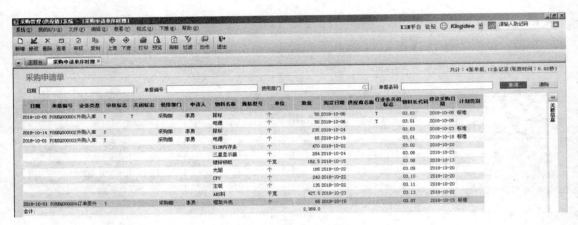

图 7-6 采购申请单

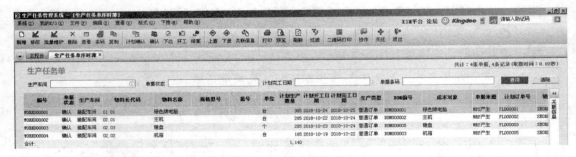

图 7-7 生产任务单

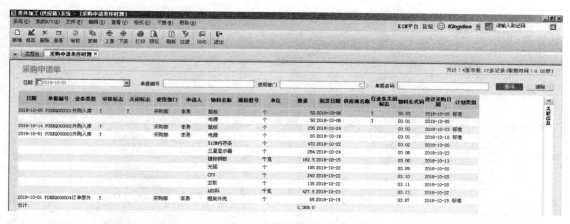

图7-8 委外加工采购申请单

2. 生产原料采购

（1）采购订单录入（图7-9）

注：从采购申请单引用，供应商为苏州电器厂。

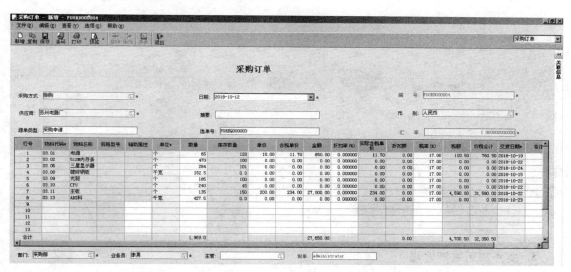

图7-9 采购订单

（2）收料通知单录入（图7-10）

注：从采购订单引用。

（3）外购入库单录入（图7-11）

注：从收料通知单引用。

（4）查询仓库的信息

图7-10 收料通知单

图7-11 外购入库单

3. 委外加工生产管理

(1) 委外订单录入

步骤：单击"供应链"→"委外加工"→"委外订单"→"委外订单新增"，如图7-12所示。

(2) 委外加工出库单录入

步骤：单击"供应链"→"委外加工"→"委外发出"→"委外加工出库新增"，如图7-13所示。

图 7-12 委外订单

图 7-13 委外加工出库单

（3）委外收料通知单录入

步骤：单击"供应链"→"委外加工"→"收料通知"→"收料通知单新增"（引用委外订单），如图 7-14 所示。

（4）委外加工入库单录入

步骤：单击"供应链"→"委外加工"→"委外入库"→"委外加工入库新增"，如图 7-15 所示。

（5）查询仓库的信息

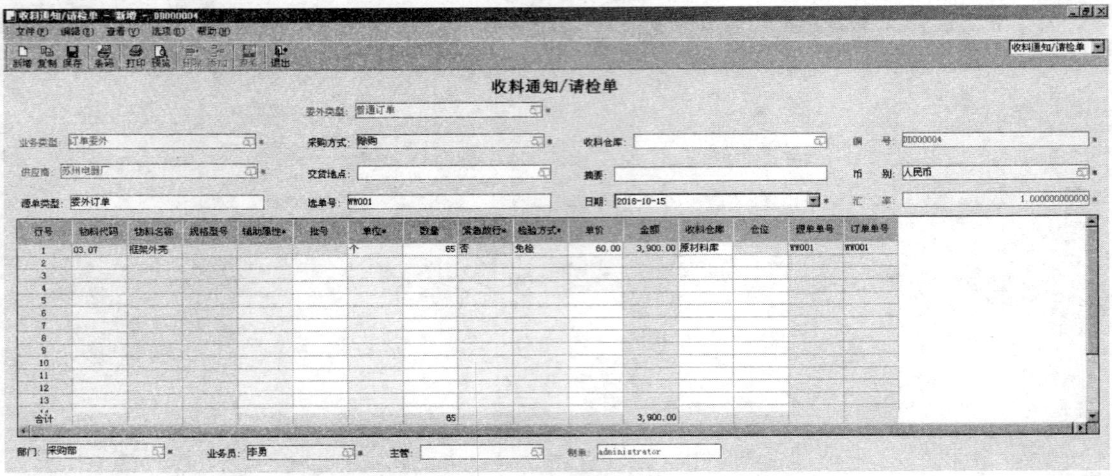

图 7-14 收料通知单

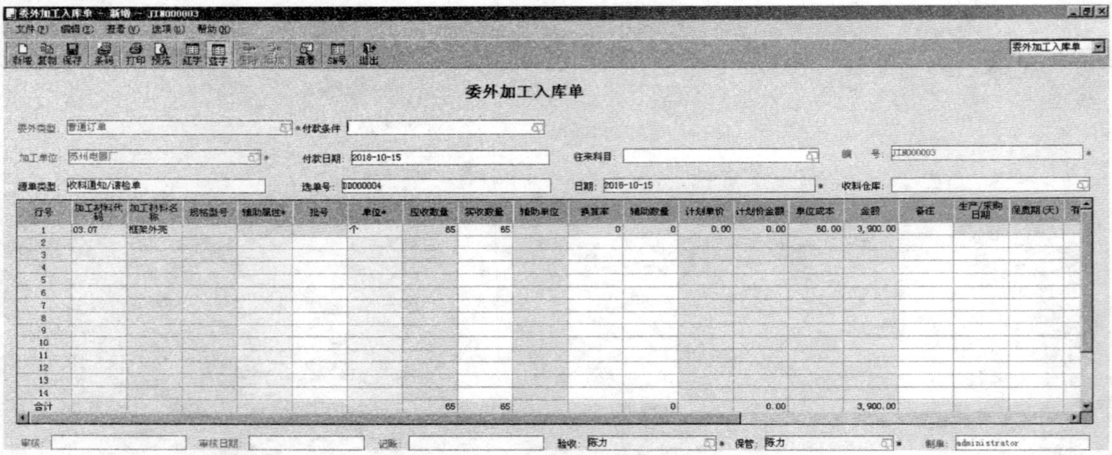

图 7-15 委外加工入库单

4. 普通订单生产管理

(1) 生产任务下达

步骤：单击"生产管理"→"生产任务管理"→"生产任务"→"生产任务单维护"→"下达"，如图 7-16 所示。

注：只对"键盘"任务单下达。

(2) 生产领料

步骤：单击"供应链"→"仓存管理"→"领料发货"→"生产领料新增"，如图 7-17 所示。

注：由生产任务单引入。

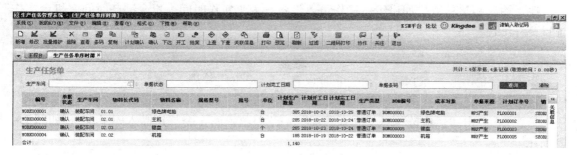

图7-16 生产任务单

图7-17 领料单

(3) 生产任务单汇报

步骤：单击"生产管理"→"生产任务管理"→"任务单汇报/请检"→"任务单汇报/请检单"→"新增"，如图7-18所示。

图7-18 任务单汇报

注：输入相关信息，如班组、操作员、设备、人工实作时间、机台准备时间、机台实作时间、合格数量。

(4) 产品入库

步骤 1：单击"系统设置"→"系统设置"→"生产管理"→"系统设置"→"生产任务管理选项"，在"产品入库单的来源单据"中选择"任务单汇报/工序转移单"。

步骤 2：单击"供应链"→"仓存管理"→"验收入库"→"产品入库录入"，如图 7 - 19 所示。

注：引用任务汇报/请检单。

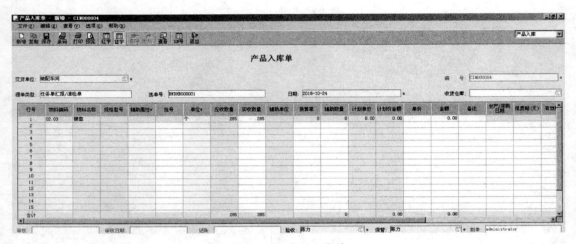

图 7 - 19 产品入库单

(5) 机箱的生产并入库（与键盘的生产类似）

7.2.4　实验总结

7.3　实验十　车间作业管理

7.3.1　实验目的

①了解企业车间管理的业务流程。
②掌握工序跟踪生产任务的操作流程。
③理解工序计划单、工序派工单、工序转移单的作用。

7.3.2　实验准备

恢复实验九结束后的账套。

7.3.3 实验内容及步骤

1. 工序跟踪订单的生产管理

(1) 工序跟踪任务单的建立（将任务单的生产类型改为"工序跟踪普通订单"）

步骤1：单击"生产管理"→"生产任务管理"→"生产任务"→"生产任务维护"→"编辑"→"任务单状态"→"反确认"→"修改"，如图7-20所示。

图7-20 修改生产类型

步骤2：将生产类型收为"工序跟踪普通订单"，并录入生产工艺，如图7-21所示。
注：主机选择主机工艺路线，电脑选择电脑组装工艺流程。

步骤3：单击"确认"→"下达"。

(2) 生产领料（主机的领料）

步骤：单击"供应链"→"仓存管理"→"领料发货"→"生产领料"，如图7-22所示。

注：存于不同仓库的物料要分别领用。

(3) 工序计划

步骤：单击"生产管理"→"车间作业管理"→"工序计划"→"工序计划修改"→"反审核"→"修改"，将自动派工、自动转移设置为"是"，改完后单击"审核"命令，如图7-23所示。

图7-21 生产任务单

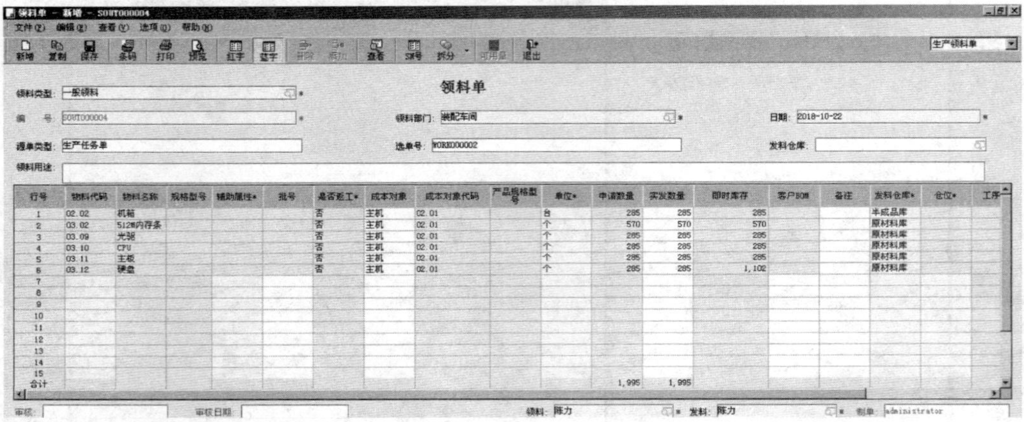

图7-22 领料单

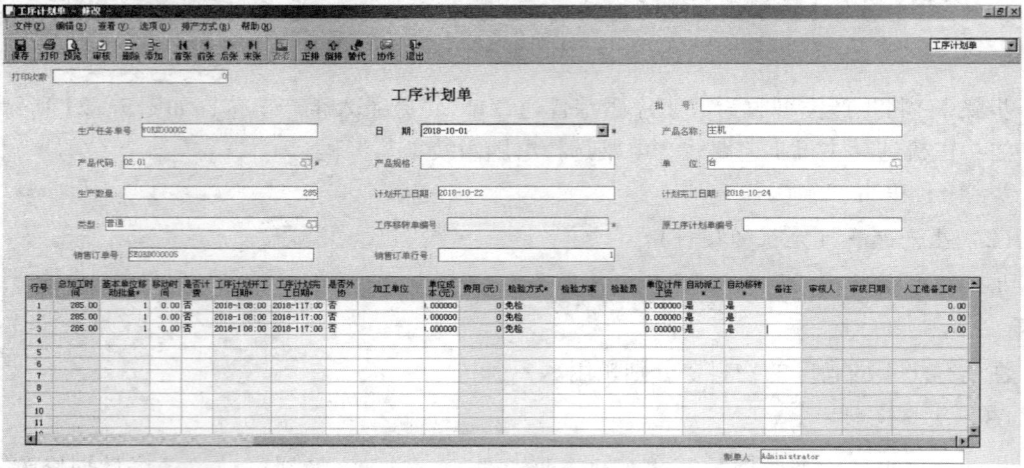

图7-23 工序计划单

(4) 工序派工（第一道工序的派工）

步骤：单击"生产管理"→"车间作业管理"→"工序计划"→"派工单新增"，引用工序计划单（第一道工序"冲压"），录入相关数据，如图7-24所示。

注：工序派工是将工序计划按日期、数量分派到具体的班组、操作工、设备。

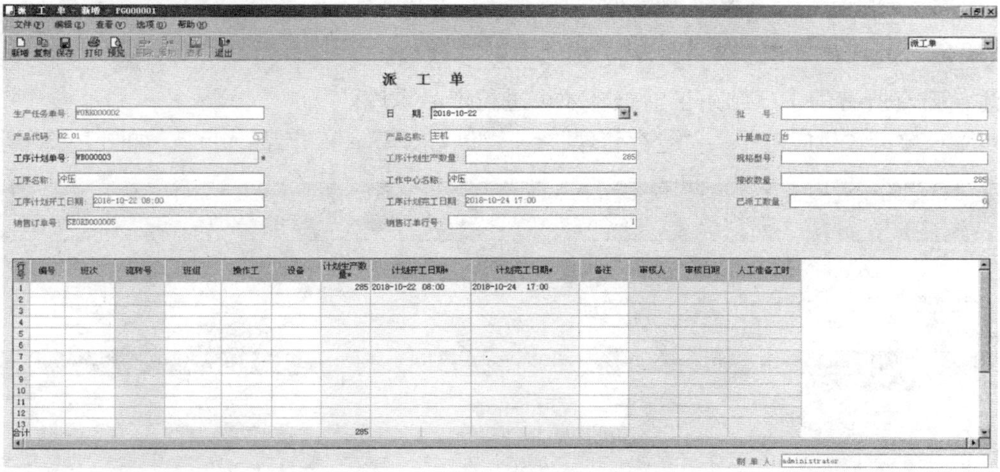

图7-24 派工单

(5) 工序汇报（第一道工序"冲压"的汇报）

步骤：单击"生产管理"→"车间作业管理"→"工序计划"→"工序汇报新增"，引用派工单（第一道工序"冲压"），录入相关数据，如班组、操作员、设备、人工实作时间、机台准备时间、机台实作时间、合格数量，如图7-25所示。

注：前一道工序汇报完成后才能进行下一道工序的派工，工序计划一经审核，立即生成一张第一道工序的工序转移单，以后每进行一次工序汇报，就生成一张新的工序转移单。

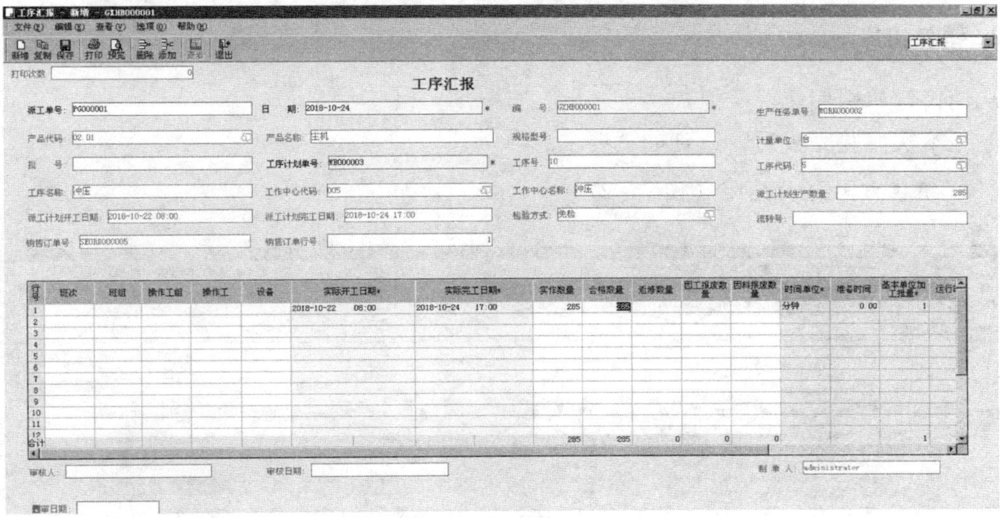

图7-25 工序汇报

(6) 第二道工序"注塑"的派工

(7) 第二道工序"注塑"的汇报

(8) 第三道工序"喷油"的派工

(9) 第三道工序"喷油"的汇报

(10) 产品入库("主机")

注：只有所有的工序结束了汇报，才可进行产品入库。

步骤：单击"供应链"→"仓存管理"→"验收入库"→"产品入库"，如图7-26所示。

图 7-26 产品入库单

注：源单类型选"工序转移单"。

(11) 绿色牌电脑的工序生产并入库（与主机的生产类似）

(12) 查询库存信息

2. 销售出库

从销售订单引用。

注：本次实验完成后，达到如下要求。

(1) 销售订单自动关闭（图7-27）

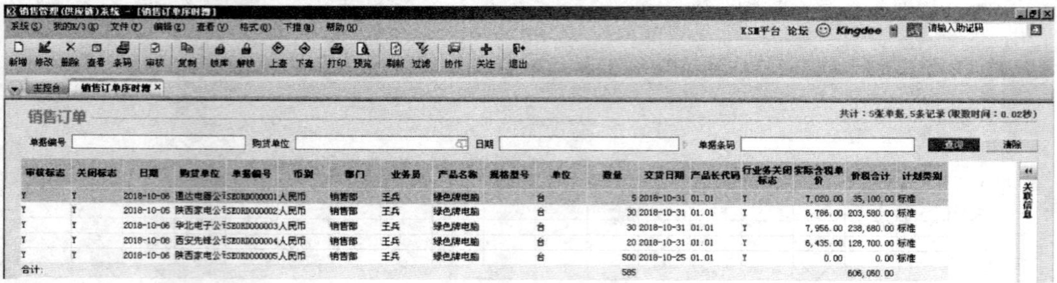

图 7-27 销售订单

(2) 生产任务单自动结案（图 7-28）

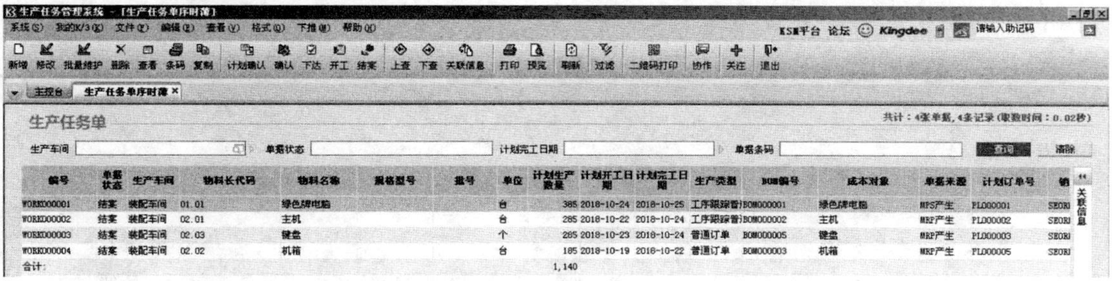

图 7-28　生产任务单

(3) 库存数正确

7.3.4　实验总结

第四篇 财务管理篇

第 8 章

存货核算

8.1 背景知识

8.1.1 存货核算功能概述

存货是指企业在生产经营过程中为销售或耗用而储存的各种资产,包括商品、产成品、半成品、在产品及各种材料模型、燃料、包装物、低值易耗品等。存货是保证企业生产经营过程顺利进行的必要条件。为了保障生产经营过程连续不断地进行,企业要不断地购入、耗用或销售存货。

存货核算系统是金蝶 K/3 供应链管理系统中的一个子系统,存货核算系统主要针对企业存货的收发存业务进行核算,掌握存货的耗用情况,及时、准确地把各类存货成本归集到各成本项目和成本对象上,为企业的成本核算提供基础数据。

存货核算系统的主要功能包括入库核算、出库核算、无单价单据维护、存货跌价准备管理、凭证管理、期末管理及相关资料维护。

8.1.2 存货核算系统与其他系统的主要关系

存货核算系统与其他系统的主要关系如图 8-1 所示。

图 8-1 存货核算系统与其他系统的主要关系

8.1.3 存货核算系统日常业务处理

1. 入库业务

入库业务包括外购入库核算、存货估价入账、自制入库核算、委外加工入库核算等业务，其中：

①外购入库核算主要是根据购货发票来核算对应的外购入库单的实际成本；

②存货估价入账是暂估所有的已经入库但当月发票未到的外购入库单据的单价；

③自制入库核算是核算产品入库单中存货的单价；

④委外加工入库核算是包括核算委外发料成本，以及取委外发料成本及加工费用核算委外入库成本，并将其写入委外入库单。

2. 出库业务

出库业务包括红字出库核算、材料出库核算、产成品出库核算等业务，其中：
①红字出库核算是计算红字销售出库单的单位成本；
②材料出库核算是计算生产过程中生产领料单的单价；
③产成品出库核算是计算销售出库单、生产领料单的单位成本。

3. 暂估处理

存货核算系统中提供了月初回冲、单到回冲两种方式，无论哪种方式，都是采购发票到达后，先填制发票并进行采购结算，然后在存货核算系统中完成暂估入库业务成本处理。

月初回冲是指当月货到票未到时，先将采购入库单暂估入账，在下月初时立即回冲形成红字回冲单，冲回上月暂估的业务，下月结算时，再按结算价形成最终的反映实际成本的采购入库单。如果下月发票仍未到，则期末处理时，系统自动按原来的暂估价重新暂估入账，下月初再回冲，如此循环，直到收到发票，结算最终的采购入库单的单价。

单到回冲是指当月货到票未到时，先将采购入库单暂估入账，下月或以后月份结算时，先将原来的暂估入库单全部回冲，再按结算价形成最终的反映实际成本的采购入库单。

4. 生成凭证

根据本期所有的核算业务生成相关的凭证，并传递到总账系统中。

5. 月末处理

期末处理需要计算按全月平均方式核算的存货的全月平均单价及其本会计月出库成本。计算按计划价/售价方式核算的存货的差异率/差价率及其本会计月的分摊差异/差价。对已完成日常业务的仓库/部门/存货，做处理标志。

如果没有进行期末处理，会导致无法进行存货核算结账，另外，也会影响出库成本计算，无法计算销售出库成本及其他出库、材料领用成本。

当存货核算系统期末处理完成后，就可以进行月末结账了。如果是集成应用模式，必须在采购管理、销售管理、库存管理全部结账后，存货核算系统才能结账。

8.2 实验十一 存货核算

8.2.1 实验目的
①了解企业存货成本核算的原理。
②掌握入库核算、出库核算的操作流程。

8.2.2 实验准备
①恢复实验十结束后的账套。
②检查采购系统中发票的勾稽情况,保证之前的入库单和采购发票都已勾稽。

8.2.3 实验内容及步骤

1. 入库核算

(1) 外购入库核算
将账套中已勾稽的外购入库单进行外购入库核算。
步骤1:单击"供应链"→"存货核算"→"入库核算"→"外购入库核算",选择购货发票类型,如图8-2所示。

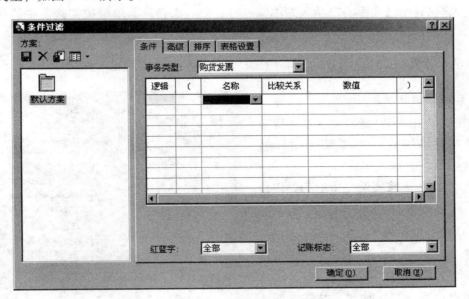

图8-2 外购入库核算购货发票类型

步骤2:单击外购入库核算窗口中的"分配"→"核算"(分配方式有数量和金额两种),如图8-3所示。

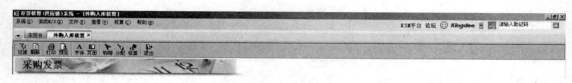

图8-3 外购入库的分配与核算

(2) 暂估入库核算

步骤：单击"供应链"→"存货核算"→"入库核算"→"存货估价入库"→"修改"，输入单价。

注：将账套中已经入库，但采购发票还没有收到的外购入库单做暂估入库核算，单价按实验三中的初始单价录入，另外，ABS料的暂估价为8元/千克。

(3) 自制入库核算

步骤：单击"供应链"→"存货核算"→"入库核算"→"自制入库核算"，输入单价，单击"核算"按钮，如图8-4所示。

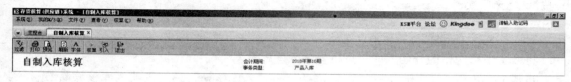

图8-4 自制入库核算

注：将账套中已入库的产品入库单，进行自制入库核算，单价按实验三中的初始单价录入。

2. 出库核算

(1) 红字出库核算

步骤：单击"供应链"→"存货核算"→"出库核算"→"红字出库核算"→"修改"，输入单价。

注：单位成本按实验三中的初始单价录入。

(2) 材料出库核算

步骤1：单击"供应链"→"存货核算"→"出库核算"→"材料出库核算"，单击"下一步"按钮，结转本期所有物料，如图8-5所示。

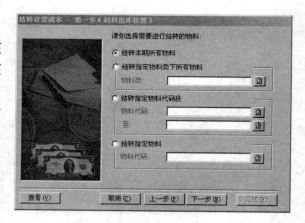

图8-5 结转本期所有物料

步骤2：单击"下一步"按钮，如图8-6所示，最后查看结转存货成本报告，如图8-7所示。

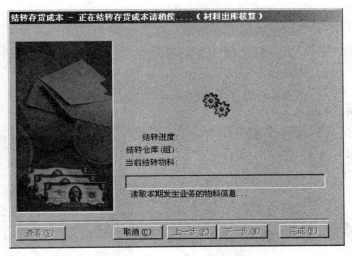

图 8-6　材料出库核算

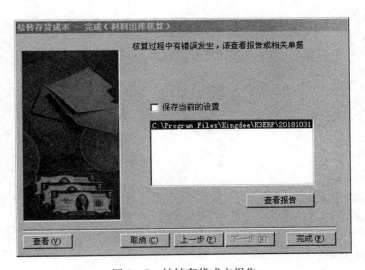

图 8-7　结转存货成本报告

（3）不确定单价单据核算

步骤：单击"供应链"→"存货核算"→"出库核算"→"不确定单价单据维护"。

（4）产品出库核算

步骤：单击"供应链"→"存货核算"→"出库核算"→"产成品出库"。

注：操作方法与材料出库核算相似。此操作在所有核算之后，最后完成。

3. 委外加工核算

完成以下操作：

①对账套中的 40 个委外加工框架外壳进行委外加工核算。

②对账套中的其他委外加工框架外壳进行委外加工核算，设本次加工单价为 60 元/个，

运费1 000元（含税），增加采购专用发票、费用发票、勾稽。

步骤1：委外加工材料发出。

步骤2：材料出库核算（注：此操作必须要保证已完成该原材料的外购入库核算）。

步骤3：委外加工入库。

步骤4：委外加工费发票录入。

步骤5：费用发票录入。

步骤6：勾稽（以上操作流程在前面各章节中已有详细描述）。

步骤7：核销（核销的目的：连接委外加工入库单、委外出库单）。

单击"供应链"→"存货核算"→"入库核算"→"委外加工入库核算"→"核销"，输入核销数。

步骤8：单击委外加工入库窗口→"分配"→"核算"。

步骤9：委外加工入库核算（此操作必须要保证已完成委外加工发出材料的材料出库核算）。

8.2.4 实验总结

第 9 章 凭证管理

9.1 背景知识

9.1.1 财务基本知识

1. 会计要素

会计要素是对会计对象的基本分类,是会计对象的具体化,是反映会计主体的财务状况和经营成果的基本单位。会计要素分为资产、负债、所有者权益、收入、费用和利润六个要素,其中,反映财务状况的要素有资产、负债、所有者权益,反映经营成果的要素有收入、费用、利润。

资产是指由过去的交易或事项形成的,由企业拥有或控制的,预期会给企业带来经济经济的资源。

负债是指过去的交易或事项形成的现时义务,履行该义务预期会导致经济利益流出企业。

所有者权益是指资产扣除负债后,由所有者享有的剩余利益。即一个会计主体在一定时期所拥有或可控制的具有未来经济利益资源的净额。

收入是企业在销售商品、提供劳务及他人使用本企业资产等日常活动中所形成的经济利益的总流入。

费用是指企业在日常活动中发生的会导致所有者权益减少的,与向所有者分配利润无关的经济利益的总流出。

利润是指企业在一定会计期间的经营成果,包括收入减去费用后的净额、直接计入当期利润的利得和损失等。利润分为营业利润、利润总额和净利润。

2. 会计等式

会计等式也称会计平衡公式,它是表明各会计要素之间基本关系的恒等式。

基本会计等式:资产 = 负债 + 所有者权益

扩展的会计等式:资产 = 负债 + 所有者权益 + (收入 – 费用)

资产、负债、所有者权益、收入、费用和利润六大会计要素之间存在着一种恒等关系。会计等式反映了这种恒等关系,所以它始终成立,任何经济业务的发生都不会破坏会计等式的平衡关系。

3. 会计科目与账户

会计科目是对会计要素进行分类所形成的具体项目，设置会计科目并在此基础上设置会计账户是会计核算的一种专门方法。

账户是根据会计科目设置的，具有一定格式和结构，用于分类反映会计要素增减变动情况及其结果的载体。

会计科目与账户的区别：

①会计科目是账户的名称，不存在结构；而账户则具有一定的格式和结构。

②会计科目反映的经济内容是什么，而账户不仅说明反映的经济内容是什么，而且系统反映和控制其增减变化及结余情况。

③会计科目主要是用于开设账户、填写凭证；而账户的作用主要是提供某一具体会计对象的会计资料，为编制会计报表所运用。

4. 收付实现制与权责发生制

收付实现制也称现收现付制或现金制。收付实现制是指凡是本期实际收到和支付的款项，不论期是否归属于本期，都作为本期的收入和费用处理。因此，收付实现制是以款项是否实际收到或付出作为确定本期收入和费用的标准。现金收支行为在其发生的期间全部记作收入和费用，而不考虑与现金收支行为相连的经济业务实质上是否发生。

权责发生制也称应收应付制或应计制。权责发生制是指凡是应属本期的收入和费用，不论其款项是否收到或付出，都作为本期的收入和费用处理；反之，凡不属于本期的收入和费用，即使款项在本期收到或付出，也不应作为本期的收入和费用处理。因此，权责发生制是按收入的权利和支出的义务是否归属于本期来确认收入、费用的标准。

5. 记账规律

①有借必有贷，借贷必相等；

②资产、费用和成本类科目，余额在借方，则借方表示增加，贷方表示减少；

③所有者权益、负债、收入和利润类科目，余额在贷方，借方表示减少，贷方表示增加。

9.1.2 总账管理系统概述

总账管理系统是一切财务数据的汇集点，是 ERP 系统中各个模块之间的联系纽带，适用于企业进行账务核算及管理工作。

总账系统的主要任务是凭证处理、账簿处理、出纳管理和期末转账等基本核算功能，并提供个人、部门、客户、供应商、项目核算等辅助管理功能及各种查询功能。

9.1.3 金蝶 K/3 ERP 总账管理系统日常业务处理流程

金蝶 K/3 ERP 总账管理系统日常业务处理流程如图 9-1 所示。

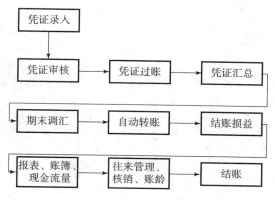

图 9-1　总账管理系统日常业务流程图

9.1.4　金蝶 K/3 ERP 凭证管理

记账凭证是记账的依据，是总账管理系统唯一的数据源，凭证管理的内容包括凭证填制、凭证审核、凭证过账、凭证汇总等功能。

1. 凭证生成

凭证生成的方法有两种：一种是在财务会计模块中通过凭证录入生成凭证；另一种是通过其他系统生成凭证，如供应链、应收应付、固定资产、薪资管理等模块生成凭证。

其中凭证录入功能为用户提供一个凭证录入环境，用户可直接在计算机上根据审核无误的原始凭证填制记账凭证。记账凭证的内容分为凭证头和正文两部分，凭证头包括凭证类别、凭证编号、制单日期、凭证单据数、凭证自定义项；正文包括摘要、科目、辅助信息、金额。

2. 凭证修改和删除

可以修改和删除未审核的凭证。找到要修改的凭证，将光标移至要修改的地方就可以修改，可修改的内容包括摘要、科目、辅助项、金额及方向、增加或删除会计分录等。

来自其他模块的会计凭证不能在总账管理系统中进行修改和删除，只能在生成该凭证的模块中进行修改和删除。

3. 凭证审核

审核凭证是对填制的每一张凭证都必须经过审核员的审核，审核凭证包括出纳签字、审核凭证两个方面，其中出纳签字是对涉及现金收入和支出的凭证进行审核。

在审核凭证时要求制单人与审核人不为同一操作员。

4. 凭证过账

凭证过账是将已经审核过的记账凭证根据其会计科目登记到相关账簿的。过账后的凭证将不可以修改和删除，如果发现记账后的凭证有错，可以采用补充凭证或红字冲销凭证的方式进行更正。

记账后的凭证可以反过账。

5. 凭证汇总

凭证汇总是按不同条件，按照指定的范围和条件汇总科目的借贷方发生额。

9.2　实验十二　凭证管理

9.2.1　实验目的

①了解凭证的处理过程。
②掌握供应链中凭证生成过程。

9.2.2　实验准备

①恢复实验十一结束后的账套。
②检查物料表中存货科目、成本科目、收入科目是否正确。
③检查销售发票、销售运费发票的单位是否正确。

9.2.3　实验内容及步骤

1. 凭证模板的设计

（1）外购入库凭证（单据直接生成）

步骤：单击"供应链"→"存货核算"→"凭证管理"→"凭证模板"→"实际成本法部分"→"外购入库单"，按图9-2和图9-3所示修改外购入库单凭证模板。

注：摘要中显示供应商、物料名称等信息；计划成本法中的外购入库单模板中也需录入凭证字。

（2）采购发票（发票直接生成）

步骤1：单击"供应链"→"存货核算"→"凭证管理"→"凭证模板"→"采购发票"，按图9-4修改相应的科目。

步骤2：设置凭证模板中的核算科目的核算项目，如图9-5所示。

注：摘要中显示供应商、物料名称；凭证模板中的核算科目都需要设置其核算项目。

（3）采购费用发票（发票直接生成）

步骤：单击"供应链"→"存货核算"→"凭证管理"→"凭证模板"→"采购费用发票"，按图9-6修改相应的科目。

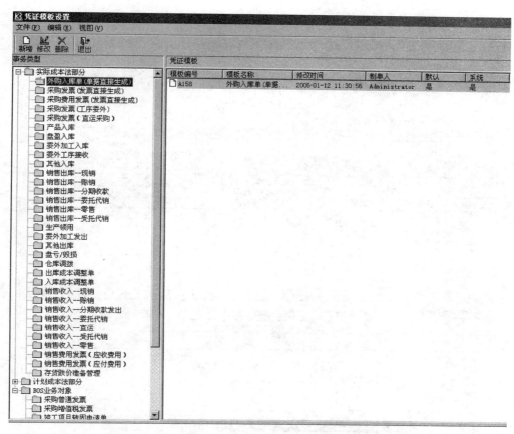

图9-2 实际成本法下外购入库单选取

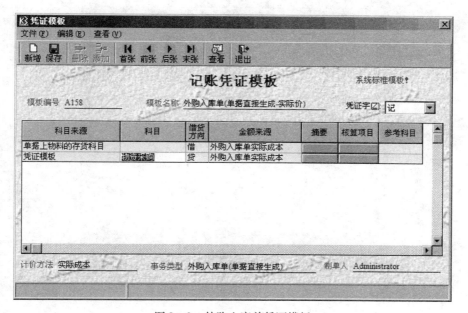

图9-3 外购入库单凭证模板

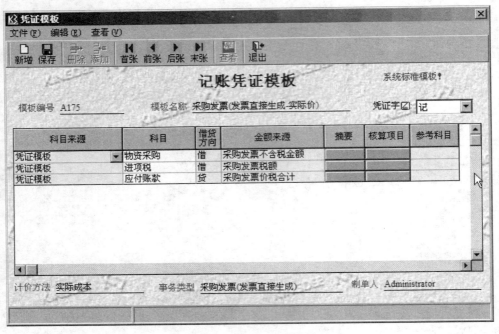

图9-4 采购发票凭证模板

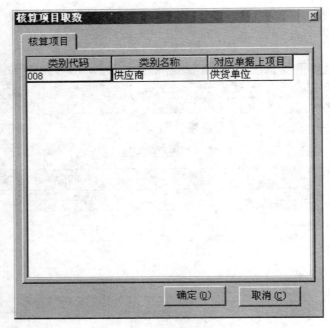

图9-5 设置模板中科目核算项目

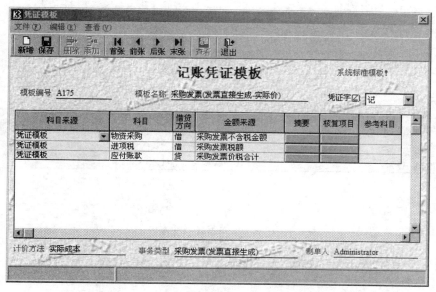

图 9-6 采购费用发票凭证模板

注：应付账款需输入核算项目。

（4）生产领用凭证

方法 1：采用系统提供的模板，但必须在各生产部门中增加核算科目（4101.01 基本生产成本科目）。

步骤 1：单击"系统设置"→"基础资料"→"公共资料"→"部门"，如图 9-7 所示。

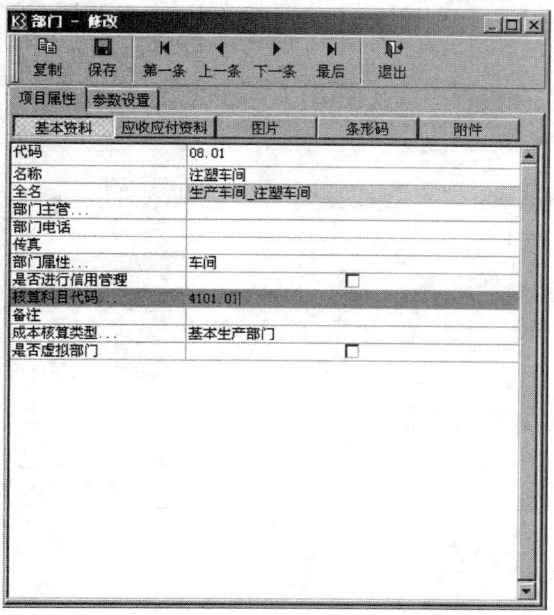

图 9-7 修改生产部门中的核算科目

步骤2：单击"供应链"→"存货核算"→"凭证管理"→"凭证模板"→"生产领用"，按图9-8修改。

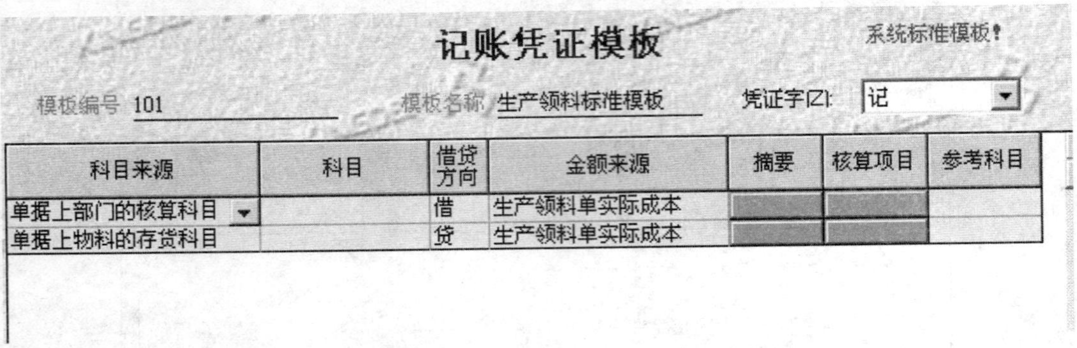

图9-8 生产领料标准模板

方法2：新增模板。

步骤：单击"供应链"→"存货核算"→"凭证管理"→"凭证模板"→"生产领用"→"新增"，按图9-9输入相应的内容、设置相应科目。

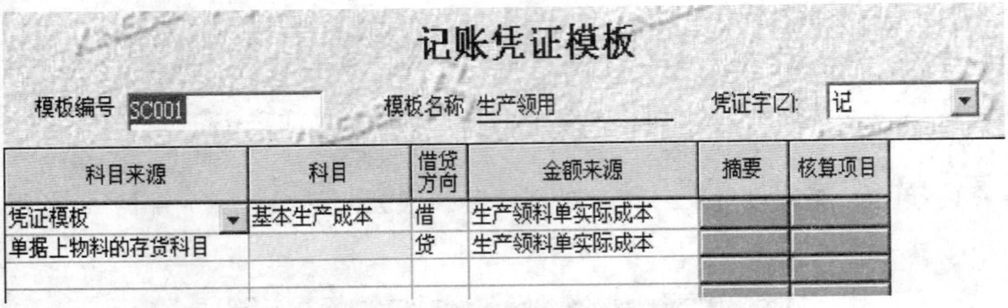

图9-9 新建生产领用凭证模板

注：用户新建的模板要设置为默认模板。

(5) 产品入库凭证

步骤：单击"供应链"→"存货核算"→"凭证管理"→"凭证模板"→"产品出库"，按图9-10设置相应科目。

注：摘要中显示物料名称。

(6) 销售出库（赊销）凭证

步骤：单击"供应链"→"存货核算"→"凭证管理"→"凭证模板"→"销售出库（赊销）"，按图9-11设置凭证模板。

(7) 销售收入（赊销）凭证

步骤：单击"供应链"→"存货核算"→"凭证管理"→"凭证模板"→"销售收入（赊销）"，按图9-12设置凭证模板。

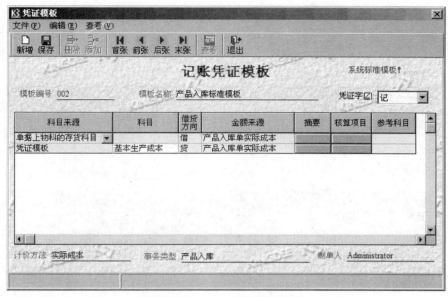

图 9-10 产品入库凭证模板

图 9-11 销售出库凭证模板

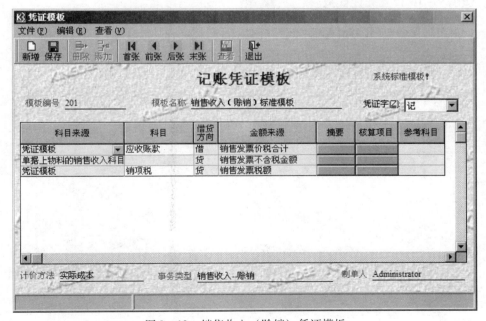

图 9-12 销售收入（赊销）凭证模板

(8) 销售费用发票（应收）凭证

步骤：单击"供应链"→"存货核算"→"凭证管理"→"凭证模板"→"销售费用发票（应收）"，按图 9-13 设置凭证模板。

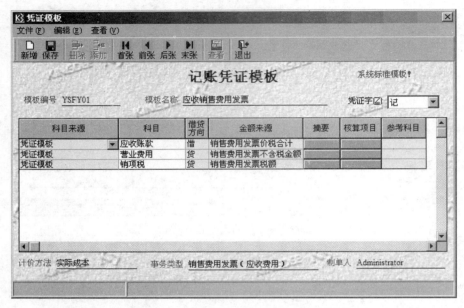

图 9-13 销售费用发票（应收）凭证模板

(9) 委外加工发出凭证

步骤：单击"供应链"→"存货核算"→"凭证管理"→"凭证模板"→"委外加工发出"，按图 9-14 设置凭证模板。

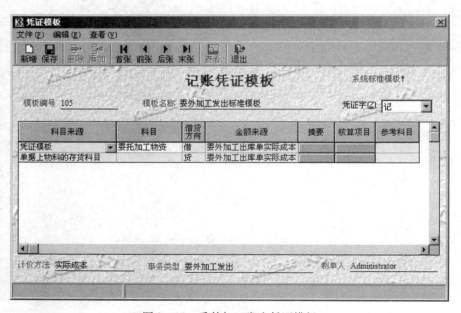

图 9-14 委外加工发出凭证模板

（10）委外加工入库凭证

步骤：单击"供应链"→"存货核算"→"凭证管理"→"凭证模板"→"委外加工入库"，按图9-15设置凭证模板。

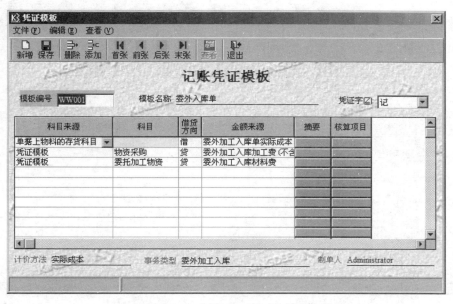

图9-15 委外加工入库凭证模板

（11）其他入库凭证

步骤：单击"供应链"→"存货核算"→"凭证管理"→"凭证模板"→"其他入库"，按图9-16设置凭证模板。

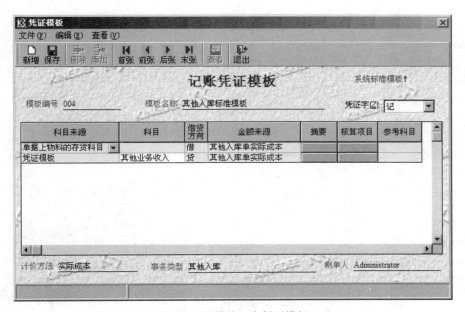

图9-16 其他入库凭证模板

(12) 其他出库凭证

步骤：单击"供应链"→"存货核算"→"凭证管理"→"凭证模板"→"其他出库"，按图9-17设置凭证模板。

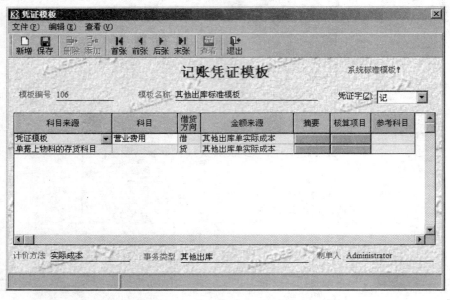

图9-17 其他出库凭证模板

(13) 盘盈入库凭证

步骤：单击"供应链"→"存货核算"→"凭证管理"→"凭证模板"→"盘盈入库"，按图9-18设置凭证模板。

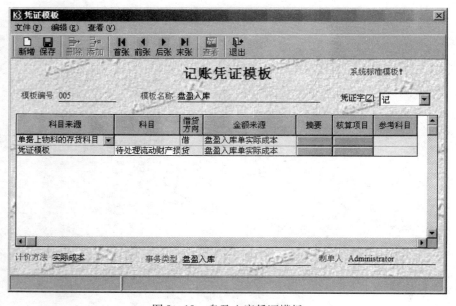

图9-18 盘盈入库凭证模板

（14）盘亏出库凭证

步骤：单击"供应链"→"存货核算"→"凭证管理"→"凭证模板"→"盘亏出库"，按图 9-19 设置凭证模板。

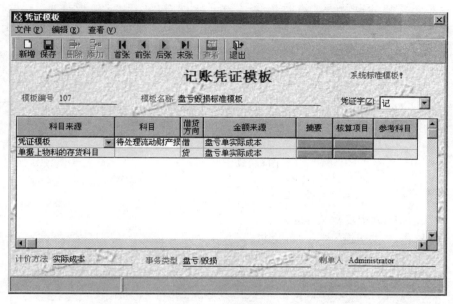

图 9-19　盘亏出库凭证模板

（15）仓库调拨凭证

步骤：单击"供应链"→"存货核算"→"凭证管理"→"凭证模板"→"仓库调拨"，按图 9-20 设置凭证模板。

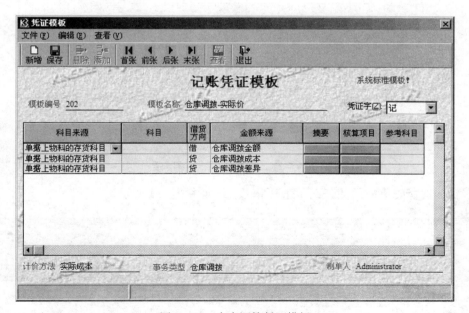

图 9-20　仓库调拨凭证模板

2. 生成凭证

（1）生成凭证

步骤：单击"供应链"→"存货核算"→"凭证管理"→"生成凭证"，选择要生成的单据，单击"重新设置"，然后选择相应的单据，单击"生成凭证"，如图9-21所示。

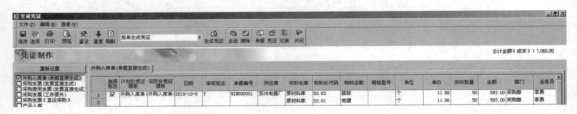

图9-21 生成凭证

（2）凭证审核

方法1：在供应链中审核凭证。

步骤1：单击"供应链"→"存货核算"→"凭证管理"→"凭证查询"，如图9-22所示。

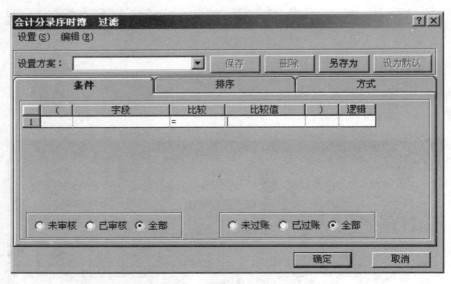

图9-22 设置查询凭证的条件

步骤2：选择要审核的凭证，单击"审核"，如图9-23所示。

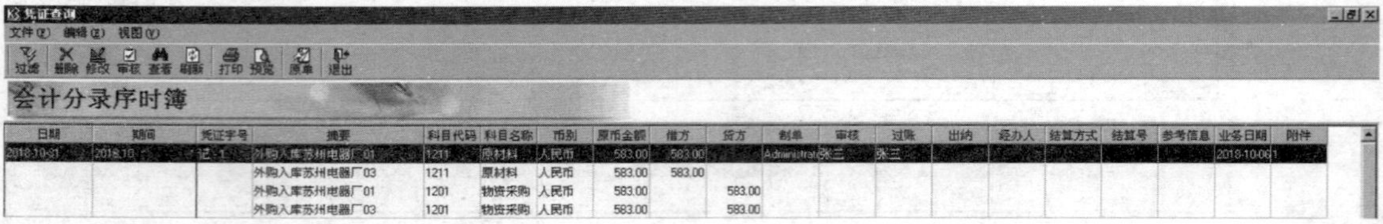

图9-23 审核会计凭证

注：要求制单人与审核人为不同人，即以另一个用户重新登录。

方法 2：在总账系统中审核凭证。

步骤：单击"财务会计"→"总账"→"凭证处理"→"凭证查询"→"编辑"→"成批审核"，如图 9-24 所示。

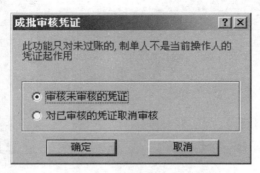

图 9-24　审核凭证

（3）凭证过账

步骤：单击"财务会计"→"总账"→"凭证处理"→"凭证查询"→"编辑"→"全部过账"。

3. 对账

（1）总账与存货对账

步骤 1：单击"供应链"→"存货核算"→"期末处理"→"期末关账"→"期末对账"，如图 9-25 所示。

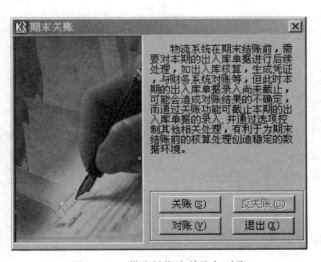

图 9-25　供应链期末关账与对账

注：如出现差额，则通过如下步骤查找原因。

步骤 2：单击"供应链"→"存货核算"→"期末处理"→"期末结账"。

(2) 查看科目余额

步骤：单击"财务会计"→"总账"→"财务报表"→"科目余额表"，如图 9 – 26 所示。

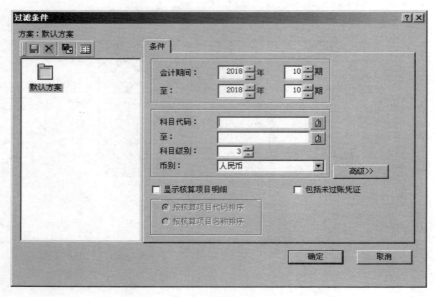

图 9 – 26　科目余额表过滤条件

(3) 查看试算平衡表

步骤：单击"财务会计"→"总账"→"财务报表"→"试算平衡表"，如图 9 – 27 所示。

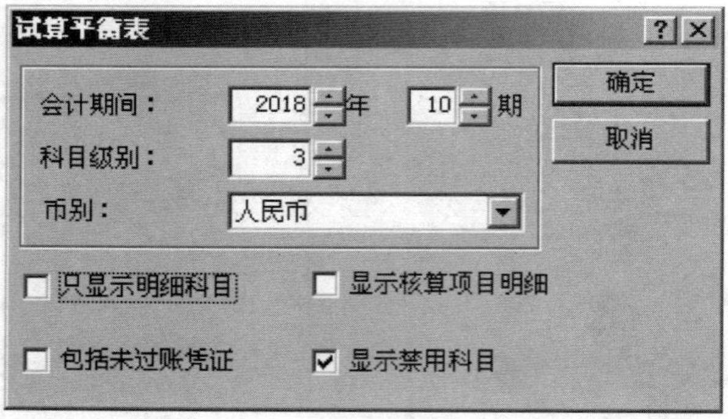

图 9 – 27　试算平衡条件

9.2.4　实验总结

9.2.5 参考答案

业务处理生成凭证一览见表 9-1。

表 9-1 业务处理生成凭证一览

编号	日期	摘要	会计科目	借方金额	贷方金额	来源
1	05	采购入库单	原材料 物料采购	1 166	1 166	仓存管理
2	10	红字外购入库单	原材料 物料采购	100	100	仓存管理
3	06	采购入库单	原材料 物料采购	769 548	769 548	仓存管理
4	07	采购发票	物资采购 进项税 应付账款	1 000 170	1 170	采购管理
5	10	红字采购发票	物资采购 进项税 应付账款	-100 -17	-117	采购管理
6	15	委外发票 （40 个框架外壳）	物资采购 进项税 应付账款	2 400 408	2 808	采购管理
7	20	委外发票 （64 个框架外壳）	物资采购 进项税 应付账款	3 840 652.8	4 492.8	采购管理
8	07	采购费用发票 （电源、鼠标）	物资采购 进项税 应付账款	166 34	200	采购管理
9	15	委外费用发票 （40 个框架外壳）	物资采购 进项税 应付账款	332 68	400	采购管理
10	20	委外费用发票 （64 个框架外壳）	物资采购 进项税 应付账款	830 170	1 000	采购管理
11	21	生产领用 （键盘：ABS 料）	基本生产成本 原材料	3 648	3 648	仓存管理

续表

编号	日期	摘要	会计科目	借方金额	贷方金额	来源
12	18	生产领用（机箱：电源框架外壳）	基本生产成本 原材料	13 045	13 045	仓存管理
13	20	生产领用（主机：机箱）	基本生产成本 自制半成品	60 800	60 800	仓存管理
14	20	生产领用（主机：其他）	基本生产成本 原材料	653 600	653 600	仓存管理
15	24	生产领用（电脑：主机键盘）	基本生产成本 自制半成品	1 014 040	1 014 040	仓存管理
16	24	生产领用（电脑：鼠标显示器）	基本生产成本 自制半成品	408 123	408 123	仓存管理
17	12	产品入库（键盘100个）	自制半成品 基本生产成本	1 000	1 000	仓存管理
18	24	产品入库（键盘304个）	自制半成品 基本生产成本	3 040	3 040	仓存管理
19	20	产品入库（机箱204个）	自制半成品 基本生产成本	40 800	40 800	仓存管理
20	24	产品入库（主机304个）	自制半成品 基本生产成本	760 000	760 000	仓存管理
21	24	产品入库（电脑404台）	库存商品 基本生产成本	1 616 000	1 616 000	仓存管理
22	08	销售出库（电脑5台）	主营业务成本 库存商品	20 000	20 000	销售管理
23	09	红字销售出库（电脑1台）	主营业务成本 库存商品	-4 000	-4 000	销售管理
24	13	销售出库（键盘100个）	其他业务支出 自制半成品	1 000	1 000	销售管理
25	25	销售出库（电脑500台）	主营业务成本 库存商品	2 000 000	2 000 000	销售管理
26	08	销售收入（电脑5台）	应收账款 主营业务收入 销项税	35 100	30 000 5 100	销售管理

续表

编号	日期	摘要	会计科目	借方金额	贷方金额	来源
27	09	红字销售收入（电脑1台）	应收账款 主营业务收入 销项税	7 020	6 000 1 020	销售管理
28	13	销售收入（键盘100个）	应收账款 其他业务收入	600	600	销售管理
29	08	销售费用发票（电脑5台）	应收账款 营业费用 销项税	100	83 17	销售管理
30	05	委外加工发出（镀锌钢板100千克）	委外加工物资 原材料	200	200	仓存管理
31	13	委外加工发出（镀锌钢板160千克）	委外加工物资 原材料	320	320	仓存管理
32	15	委外加工入库（框架外壳40个）	原材料 物资采购 委托加工物资	2 932	2 732 200	仓存管理
33	18	委外加工入库（框架外壳64个）	原材料 物资采购 委托加工物资	4 990	4 670 320	仓存管理

第 10 章 应收应付款管理

10.1 背景知识

10.1.1 系统概述

应收、应付系统既可与总账系统等其他系统联合使用,又可单独用于企业对其应收、应付款进行管理,其中应收款管理系统用于核算和管理客户往来款项,应付款管理系统用于核算和管理供应商往来款项。应收、应付款管理系统在初始设置、系统功能、业务流程等方面极为相似。

应付款管理系统,通过发票、其他应付单、付款单等单据的录入,对企业的往来账款进行综合管理。在应付款管理系统中,以采购模块转入的应付账款、委外模块转入的应付账款、应付账款中直接录入的应付账款为依据,记录采购业务及其他业务所形成的应付款项,处理应付款项的支付、转账、冲销等情况。

在应收款管理系统中,以销售发票、其他应收单、收款单等原始单据记录销售业务及其他业务所形成的往来款项,处理应收款项的收回、坏账、转账等情况,同时实现承兑汇票的管理。

应收款管理系统与应付款管理系统的结构与操作流程极为相似,因此,以应付款管理系统为例,说明其与其他子系统的关系与操作流程。

10.1.2 应付账款模块与其他子系统之间的关系

应付款管理系统与采购系统录入的采购发票进行应付账款的核算、与销售系统录入的销售发票进行应付冲应收的核算、与应收系统录入的销售发票与其他应收单进行应付冲应收的核算、把应付款管理系统生成的往来款凭证传递到总账系统、与现金管理系统的应付票据进行互相传递,如图 10-1 所示。

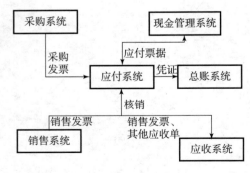

图 10-1 应付账款模块与其他子系统关系图

10.1.3 应付款管理系统操作流程

应付款管理系统操作流程如图 10-2 所示。

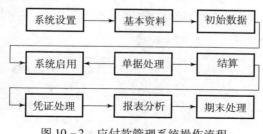

图 10-2 应付款管理系统操作流程

1. 应付款管理系统的初始化

（1）系统选项的设置

主要包括选择设置控制科目的依据、选择设置存货采购科目的依据、选择制单方式。

（2）基本信息设置

主要包括供应商分类、供应商档案、存货分类、部门档案、外币及汇率、结算方式、付款条件等设置。

（3）初始设置

主要包括科目设置、单据控制、核销控制、凭证处理、期末处理等设置。

（4）期初余额录入

期初数据包括上期期末、本期期初所有供应商的应付账款、预付账款、应付票据等数据。

2. 应付款管理系统的日常业务处理

（1）单据处理

主要包括单据录入、单据结算（核销操作）、单据查询。

（2）制单处理

主要包括在单据上生成凭证、在序时簿生成凭证、在作用凭证模板上生成凭证（图 10-3）。

（3）核销管理

核算是指将相互对应的各种单据实行勾对，核销类型包括付款结算、预付款冲应付款、应付款冲应收款、应付款转销、预付款冲预收款等。

付款结算用于付款后勾销应付业务，不用生成凭证。

预付款冲应付款：当某个供应商付款时，若此供应商有预付款，则可进行预付冲应付操作。

应付款冲应收款：当某个单位既是客户又是供应商时，则可进行应付冲应收操作。

应付款转销：用于不同往来单位之间的应付款转移。

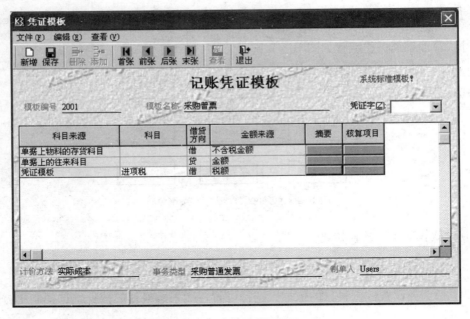

图 10-3 凭证模板设置

3. 应付款管理系统的月末处理

（1）对账

对账是对当期的单据、凭证及核销、票据操作进行对账检查。

（2）期末汇兑

对于有外币业务的企业，在会计期末如有汇率变化，通常要进行期末调汇的业务处理。

（3）期末结账

当本期所有的操作完成之后，就要进行期末结账工作。期末结账处理完毕，系统进入下一个会计期间。

10.2　实验十三　应付款管理

10.2.1　实验目的

①了解应付款管理系统的操作流程。
②掌握应付款管理日常业务的处理。

10.2.2　实验准备

①恢复实验十二结束后的账套。
②检查 1151、1131、2121、2131 四个会计科目是否为应收应付受控科目。

10.2.3 实验内容及步骤

应付款管理系统初始化流程：系统参数设置→基础资料设置→初始化数据录入→启用系统。

1. 系统参数设置

步骤：单击"系统设置"→"系统设置"→"应付款管理"→"系统参数"。

注：①先增加两个科目（5502.01 管理费用——存货跌价准备，5502.02 管理费用——坏账准备）。

②设置预收账款科目（2131）受授系统为"应收应付"。

（1）科目设置（如图 10-4 所示）

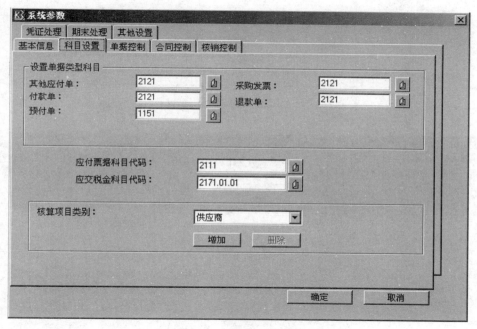

图 10-4　应付账款科目设置

（2）核销控制设置（如图 10-5 所示）

（3）期末处理设置（如图 10-6 所示）

（4）单据控制设置（如图 10-7 所示）

（5）凭证处理设置（如图 10-8 所示）

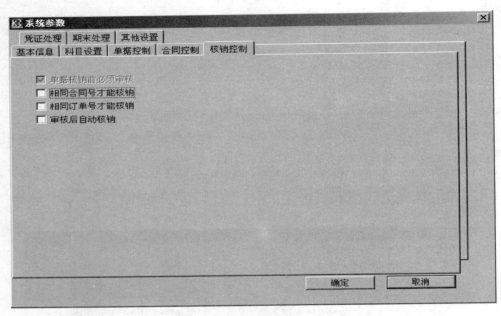

图 10-5　应付账款核销控制设置

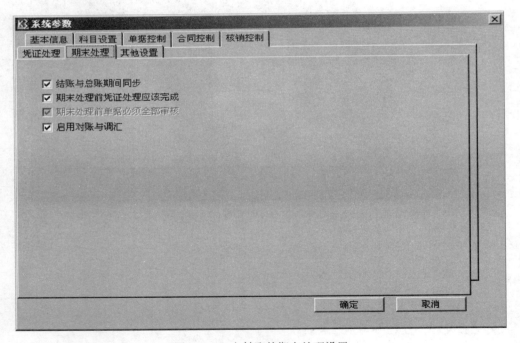

图 10-6　应付账款期末处理设置

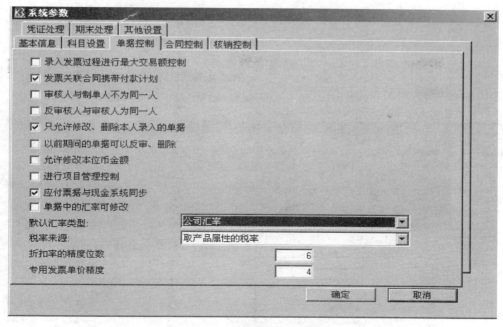

图 10-7　应付账款单据控制设置

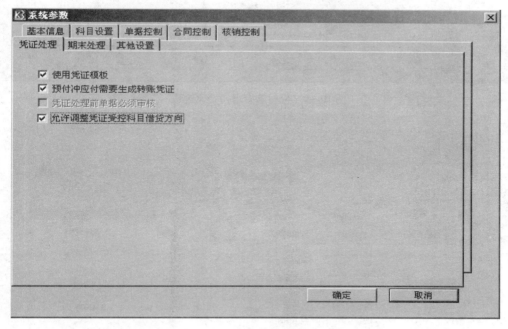

图 10-8　应付账款凭证处理设置

2. 系统初始化

（1）初始数据录入

录入如下数据：向苏州电器厂购买三星牌显示器 100 台，单价 1 000 元（含税）。

步骤：单击"系统设置"→"初始化"→"应付款管理"→"初始采购增值税发票"→"新增"。

（2）对账

步骤：单击"财务会计"→"应付款管理"→"初始化"→"初始化对账"，过滤条件如图10-9所示，对账结果如图10-10所示。

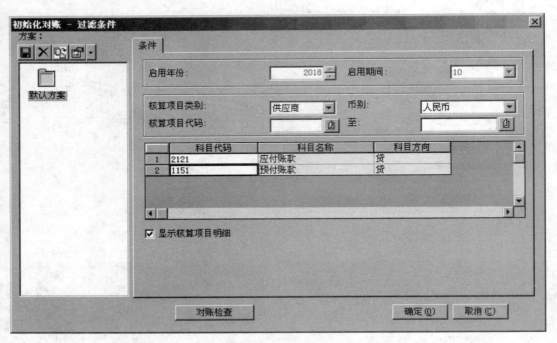

图10-9 应付款管理初始化对账

初始化对账

年份：2018　　　　　　　　　　　　　　　　　　　　　　　　　　　　期间：10
核算项目类别：供应商　　　　　　　核算项目：所有　　　　　　　　　币别：人民币
对账科目：1151[贷], 2121[贷]　　　对账方式：核算项目明细

年份	期间	科目代码	核算项目代码	核算项目	应付系统余额	总账余额	差额
2018	10	1151	01	苏州电器厂			
			02	中山电机			
			03	宁波泰信			
			04	温州亚泰集团			
		1151（小计）					
		2121	01	苏州电器厂	100,000.00	100,000.00	
			02	中山电机			
			03	宁波泰信			
			04	温州亚泰集团			
		2121（小计）			100,000.00	100,000.00	

图10-10 应付款模块期初对账结果

(3) 结束初始化

步骤：单击"财务会计"→"应付款管理"→"初始化"→"结束初始化"。

3. 应付款管理日常处理

(1) 预付单录入

业务：2018-10-10 预付现金 10 000 元给中山电机作为订购 500 个主板的预付款。

步骤：单击"财务会计"→"应付款管理"→"付款"→"预付单"→"新增"，如图 10-11 所示。

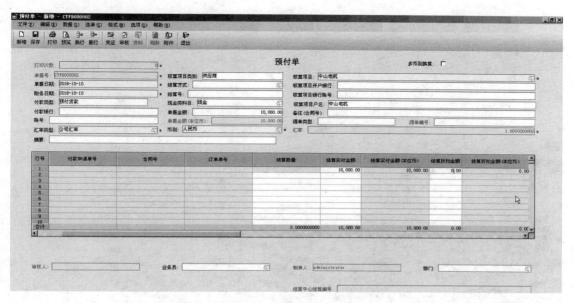

图 10-11　预付单

注：现金类科目必须录入。

(2) 采购发票录入

业务：2018-10-20 收到中山电机开具的增值税发票，主板 500 个，单价 800 元（含税）。

步骤：单击"财务会计"→"应付款管理"→"发票处理"→"采购增值税发票"→"新增"，如图 10-12 所示。

(3) 付款单录入

业务：2018-10-20 通过工商银行电汇 200 000 元货款给中山电机。

步骤：单击"财务会计"→"应付款管理"→"付款"→"付款单"→"新增"，如图 10-13 所示。

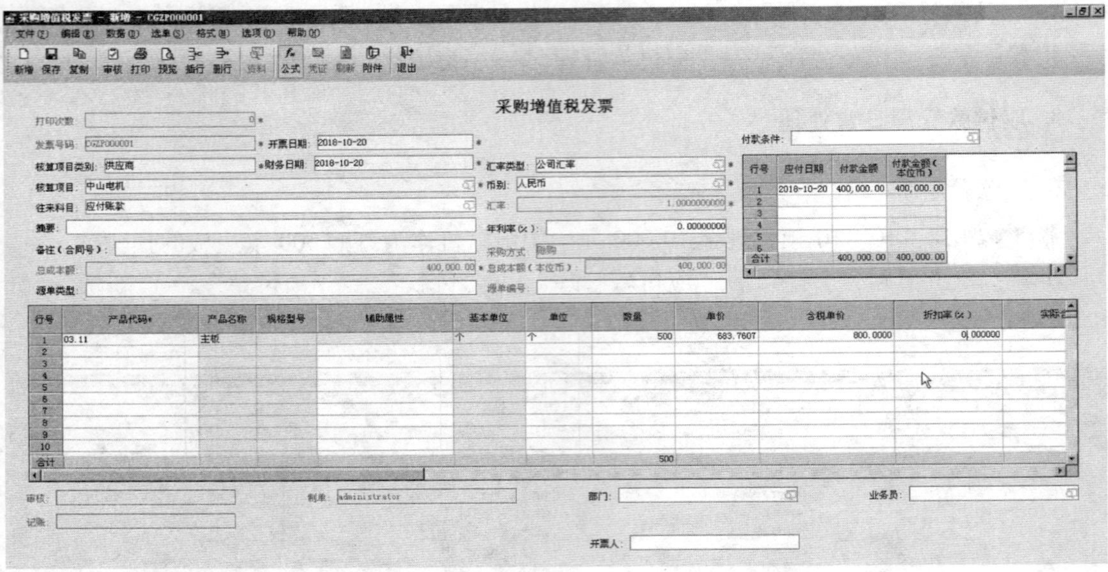

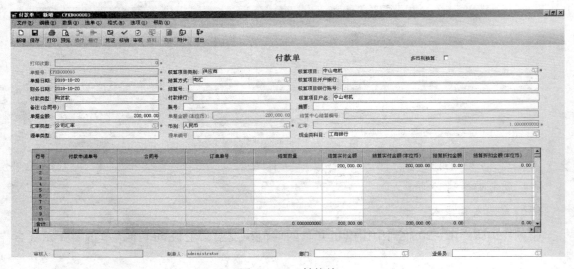

图 10-12 采购增值税发票

图 10-13 付款单

注：现金类科目必须录入。

（4）制作凭证模板

1）预付款凭证模板。

步骤：单击"系统设置"→"基础资料"→"应付款管理"→"凭证模板"→"预付款"→"新增"，按图 10-14 进行编辑，保存并设为默认模板。

2）采购发票凭证模板。

步骤：单击"系统设置"→"基础资料"→"应付款管理"→"凭证模板"→"采购增值税发票"，按图 10-15 进行编辑，保存。

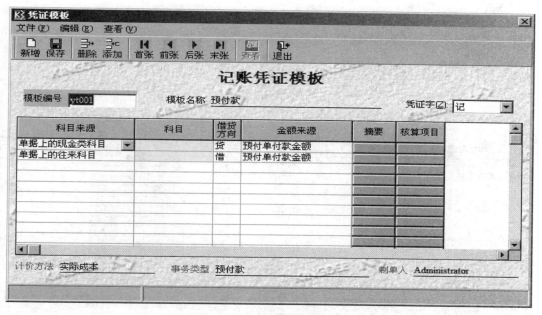

图 10-14 预付款凭证模板

图 10-15 采购增值税发票凭证模板

3) 付款单凭证模板。

步骤：单击"系统设置"→"基础资料"→"应付款管理"→"凭证模板"→"付款"→"新增"，按图 10-16 进行编辑，保存并设为默认模板。

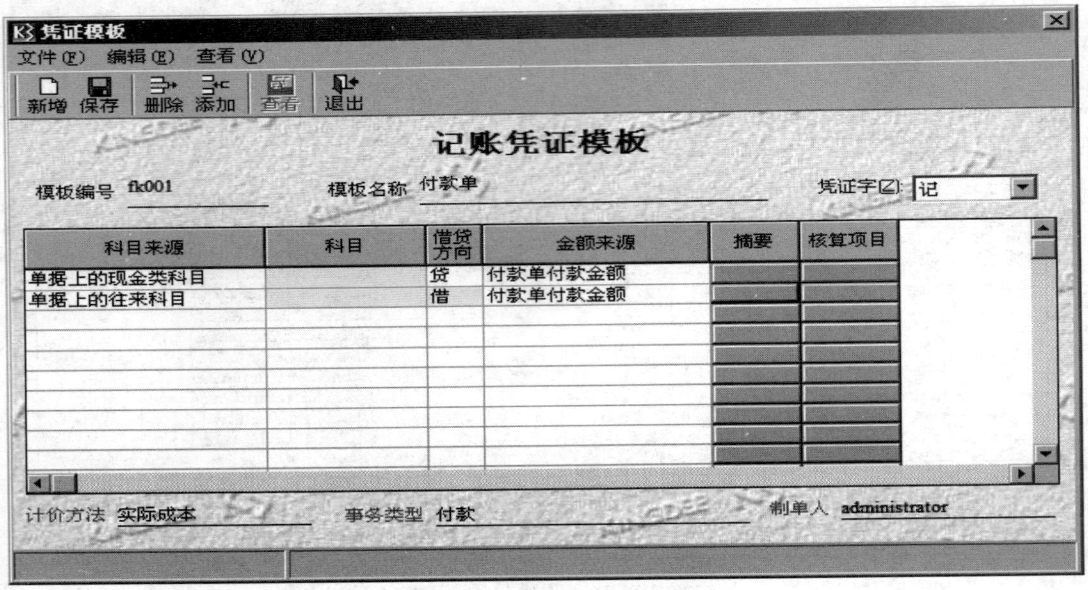

图 10-16 付款单凭证模板

(5) 生成凭证

业务 1：2018-10-10 预付现金 10 000 元给中山电机作为订购 500 个主板的预付款，生成凭证。

步骤：单击"财务会计"→"应付款管理"→"凭证处理"→"凭证生成"，事务类型选择"预付单"，然后单击"按单"生成凭证。

业务 2：2018-10-20 收到中山电机开具的增值税发票，主板 500 个，单价 800 元（含税），生成凭证。

步骤：单击"财务会计"→"应付款管理"→"凭证处理"→"凭证生成"，事务类型选择"采购增值税发票"，然后单击"按单"生成凭证。

业务 3：2018-10-20 通过工商银行电汇 200 000 元货款给中山电机，生成凭证。

步骤：单击"财务会计"→"应付款管理"→"凭证处理"→"凭证生成"，事务类型选择"付款单"，然后单击"按单"生成凭证。

(6) 核销管理

1) 预收冲应收核销。

业务：2018-10-10 预付现金 10 000 元给中山电机进行预付款冲应收款核销（部分核销）。

步骤：单击"财务会计"→"应付款管理"→"结算"→"应付款核销-预付款冲应付款"，选择相应的应付款和预付单，输入本次核销金额，如图 10-17 所示。

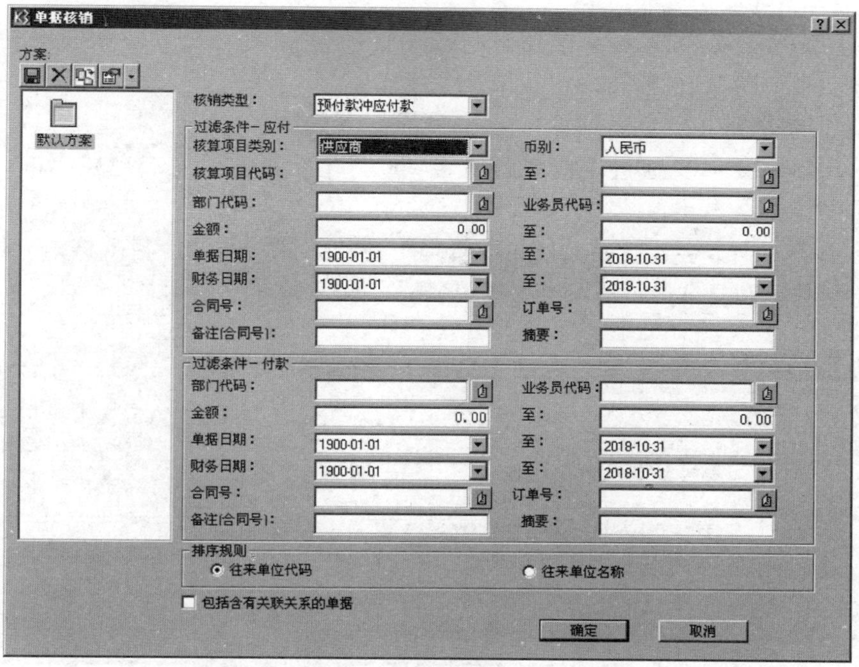

图10-17 预付款冲应付款过滤条件

2) 预付冲应付凭证模板。

步骤：单击"系统设置"→"基础资料"→"应付款管理"→"凭证模板"→"预付冲应收"，按图10-18进行编辑，并保存。

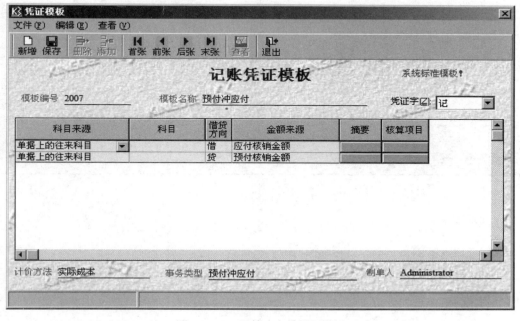

图10-18 预付冲应付凭证模板

3）生成预付冲应付凭证。

步骤：单击"财务会计"→"应付款管理"→"凭证处理"→"凭证生成"，事务类型选择"预付冲应付"，然后单击"按单"生成凭证。

4）付款冲应收核销（到款结算）。

业务：2018-10-20 通过工商银行电汇 200 000 元货款给中山电机，进行付款结算核销。

步骤：单击"财务会计"→"应付款管理"→"结算"→"应付款核销-付款结算"，选择相应的应付款和付款单，输入本次核销金额，如图 10-19 所示。

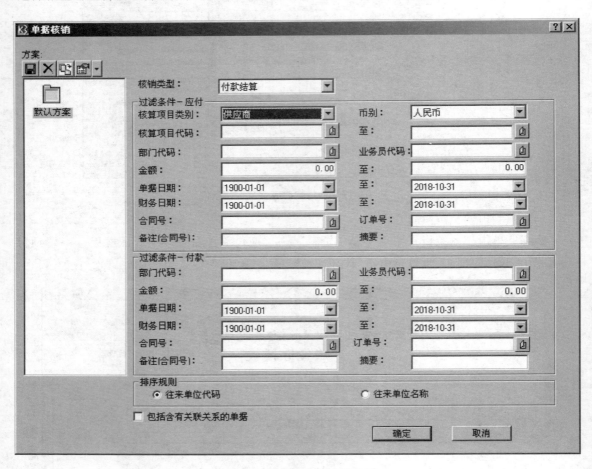

图 10-19 付款结算过滤条件

（7）凭证审核、过账（方法同前）

（8）总账与应付款对账，并记录对账结果

步骤：单击"财务会计"→"应付款管理"→"期末处理"→"期末科目对账"，如图 10-20 所示。

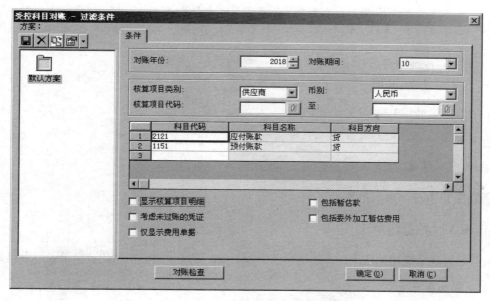

图 10-20 应付款期末科目对账

(9) 查看科目余额

步骤：单击"财务会计"→"总账"→"财务报表"→"科目余额表"。

10.2.4 实验总结

10.2.5 参考答案

业务处理生成凭证一览见表 10-1。

表 10-1 业务处理生成凭证一览

编号	日期	摘要	会计科目	借方金额	贷方金额	来源
1	10	预付款	预付账款 现金	10 000	10 000	应付系统
2	20	采购发票	原材料 进项税 应付账款	341 880.34 58 119.66	400 000	应付系统
3	20	付款	应付账款 工商银行	200 000	200 000	应付系统
4	10	预付冲应付	应付账款 预付账款	10 000	10 000	应付系统

10.3 实验十四 应收款管理

10.3.1 实验目的

①了解应收款管理系统的操作流程。
②掌握应收款管理日常业务的处理。

10.3.2 实验准备

恢复实验十三结束后的账套。

10.3.3 实验内容及步骤

应收款管理系统初始化流程：系统参数设置→基础资料设置→初始化数据录入→启用系统。

1. 系统参数设置

步骤：单击"系统设置"→"系统设置"→"应收款管理"→"系统参数"。

(1) 坏账计提方法设置（如图10-21所示）

(2) 科目设置（如图10-22所示）

(3) 核销控制设置（如图10-23所示）

(4) 期末处理设置（如图10-24所示）

(5) 单据控制设置（如图10-25所示）

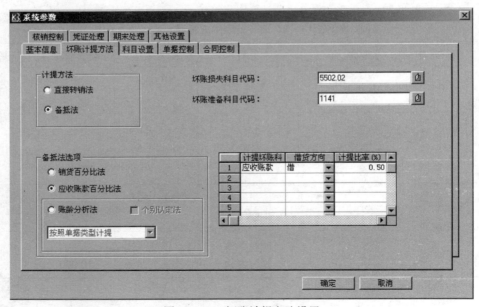

图10-21 坏账计提方法设置

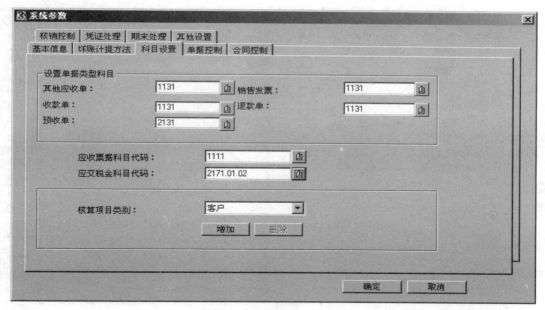

图 10-22 应收款科目设置

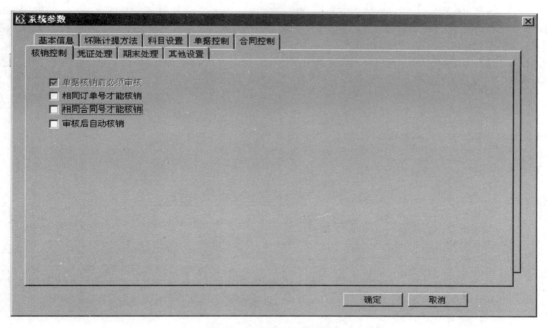

图 10-23 核销控制设置

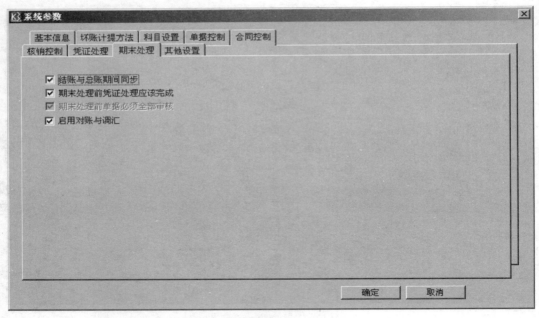

图 10-24　期末处理设置

图 10-25　单据控制设置

(6) 凭证处理设置（如图 10-26 所示）

2. 系统初始化

(1) 初始数据录入

录入如下数据：

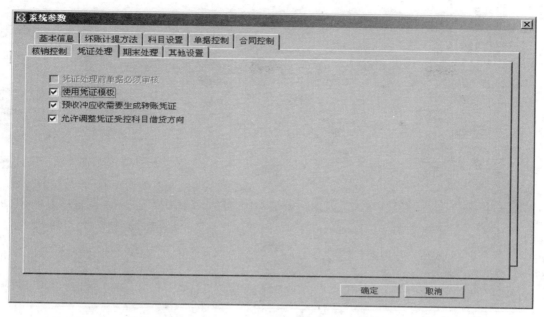

图 10-26　凭证处理设置

深圳天音公司　销售绿色牌电脑 10 台，单价 3 000 元（含税）。
陕西家电公司　销售绿色牌电脑 10 台，单价 4 000 元（含税）。
步骤：单击"系统设置"→"初始化"→"应收款管理"→"初始销售增值税发票－新增"。
注：选择"录入产品明细"，不选择"本年"。

（2）对账

步骤：单击"财务会计"→"应收款管理"→"初始化"→"初始化对账"，过滤条件如图 10-27 所示，对账结果如图 10-28 所示。

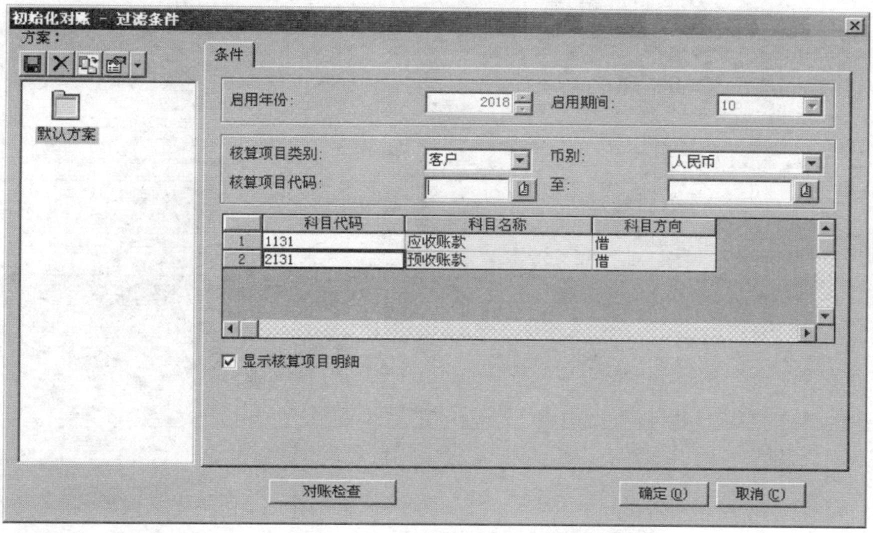

图 10-27　应收款管理初始化对账

图 10-28 应收款模块期初对账结果

(3) 结束初始化

步骤：单击"财务会计"→"应收款管理"→"初始化"→"结束初始化"。

3. 应收款管理日常处理

(1) 预收单录入

业务：2018-10-11 收到陕西家电公司订购绿色牌电脑 500 台的预先支付的货款现金 10 000 元。（注：现金类科目必须录入）

步骤：单击"财务会计"→"应收款管理"→"收款"→"预收单"→"新增"，如图 10-29 所示。

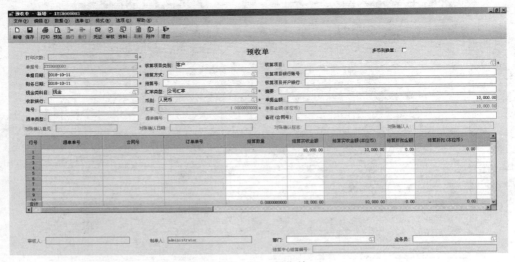

图 10-29 预收单

(2) 收款单录入

业务：2018-10-25 通过工商银行电汇收到陕西家电公司货款 200 000 元。

步骤：单击"财务会计"→"应收款管理"→"收款"→"收款单"→"新增"，如图 10-30 所示。

图 10-30 收款单

注：现金类科目必须录入。

(3) 销售发票录入

业务：2018-10-25 收到陕西家电公司绿色牌电脑 500 台销售增值税发票，含税单价 5 000 元。

步骤：单击"财务会计"→"应收款管理"→"发票处理"→"销售增值税发票"→"新增"，如图 10-31 所示。

图 10-31 销售增值税发票

(4) 制作凭证模板

1) 收款单凭证模板。

步骤：单击"系统设置"→"基础资料"→"应收款管理"→"凭证模板"→"收款"→"新增"，按图10-32进行编辑，保存并设为默认模板。

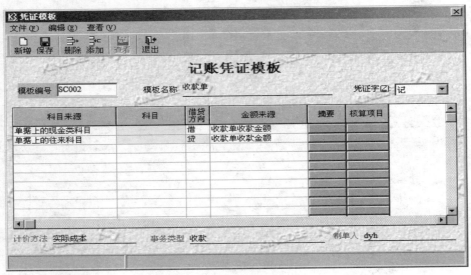

图10-32 收款单凭证模板

2) 预收单凭证模板。

步骤：单击"系统设置"→"基础资料"→"应收款管理"→"凭证模板"→"预收款"→"新增"，按图10-33进行编辑，保存并设为默认模板。

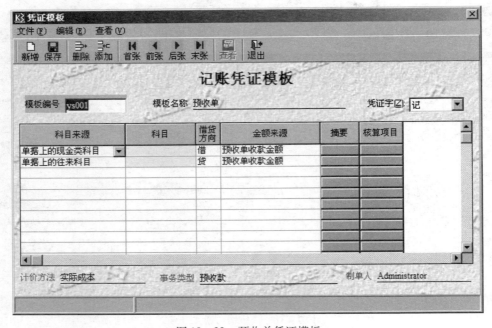

图10-33 预收单凭证模板

3)销售发票凭证模板。

步骤:单击"系统设置"→"基础资料"→"应收款管理"→"凭证模板"→"销售增值税发票",按图 10 – 34 进行编辑,并保存。

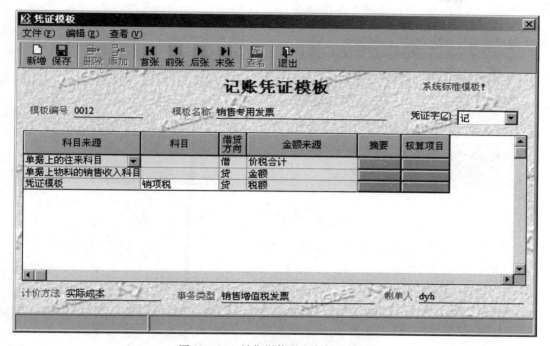

图 10 – 34　销售增值税发票凭证模板

(5) 生成凭证

业务 1:将 2018 – 10 – 11 收到的陕西家电公司订购绿色牌电脑 500 台的预先支付的货款现金 10 000 元制成凭证。

步骤:单击"财务会计"→"应收款管理"→"凭证处理"→"凭证生成",事务类型选择"预收款",然后单击"按单"生成凭证。

业务 2:将 2018 – 10 – 25 收到的陕西家电公司货款 200 000 元制成凭证。

步骤:单击"财务会计"→"应收款管理"→"凭证处理"→"凭证生成",事务类型选择"收款",然后"按单"生成凭证。

业务 3:将 2018 – 10 – 25 收到的陕西家电公司销售绿色牌电脑 500 台的销售增值税发票制成凭证。

步骤:单击"财务会计"→"应收款管理"→"凭证处理"→"凭证生成",事务类型选择"销售增值税发票",然后单击"按单"生成凭证。

(6) 核销管理

1)预收冲应收核销。

业务:将 2018 – 10 – 11 收到的陕西家电公司预先支付的货款现金 10 000 元与 40 000 元的应收款进行预收款冲应收款核销(部分核销)。

步骤:单击"财务会计"→"应收款管理"→"结算"→"应收款核销 – 预收款冲应

收款",选择相应的应收款和预收单。

2)预收冲应收凭证模板。

步骤:单击"系统设置"→"基础资料"→"应收款管理"→"凭证模板"→"预收冲应收",按图10-35进行编辑,并保存。

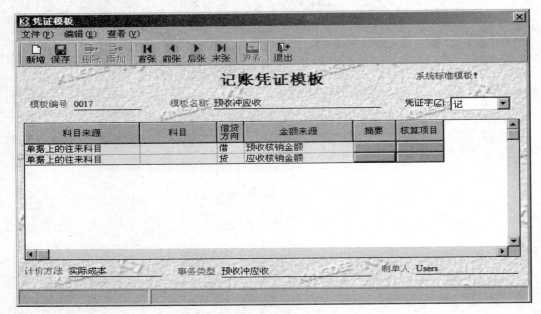

图10-35 预收冲应收凭证模板

3)生成预收冲应收凭证。

步骤:单击"财务会计"→"应收款管理"→"凭证处理"→"凭证生成",事务类型选择"预收冲应收",然后单击"按单"生成凭证。

4)收款冲应收核销(到款结算)。

业务:将2018-10-25收到的陕西家电公司货款200 000元进行到款结算核销。

步骤:单击"财务会计"→"应收款管理"→"结算"→"应收款核销-到款结算",选择相应的应收款和收款单。

(7)凭证审核,过账(方法同前)

(8)总账与应收款对账,并记录对账结果

步骤:单击"财务会计"→"应收款管理"→"期末处理"→"期末科目对账",如图10-36所示。

(9)查看科目余额

步骤:单击"财务会计"→"总账"→"财务报表"→"科目余额表"。

4. 坏账处理

(1)坏账准备计提

步骤:单击"财务会计"→"应收款管理"→"坏账处理"→"坏账准备"→"凭

证",如图 10-37 所示。

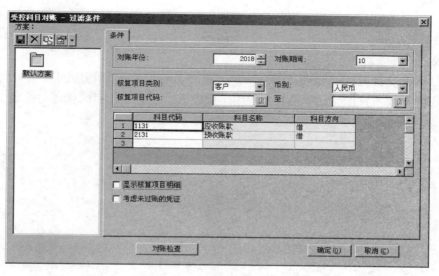

图 10-36　应收款期末科目对账

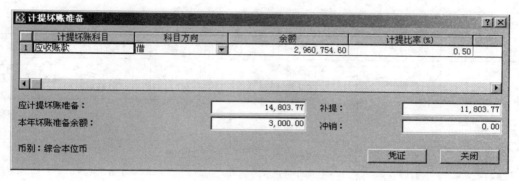

图 10-37　坏账准备

(2) 坏账损失

业务：2018-10-25 对深圳天音公司 30 000 元的应收款做坏账损失处理。

步骤：单击"财务会计"→"应收款管理"→"坏账处理"→"坏账损失"→"凭证",如图 10-38 所示。

图 10-38　损失过滤条件

（3）坏账收回

业务：2018-10-30 从工商银行收到深圳天音公司 30 000 元货款，并做坏账收回处理。

步骤1：收款单录入。

步骤2：坏账收回。

单击"财务会计"→"应收款管理"→"坏账处理"→"坏账收回"→"凭证"。

注：收到货款，只作收款单录入，不用生成凭证，在坏账收回的凭证中体现。

（4）凭证审核

（5）凭证过账

（6）查看科目余额

10.3.4 实验总结

10.3.5 参考答案

业务处理生成凭证一览见表 10-2。

表 10-2 业务处理生成凭证一览

编号	日期	摘要	会计科目	借方金额	贷方金额	来源
1	11	预收单	现金 预收账款	10 000	10 000	应收系统
2	25	收款	工商银行 应收账款	200 000	200 000	应收系统
3	25	销售发票	应收账款 主营业务收入 销项税	2 500 000	2 136 752.14 363 247.86	应收系统
4	30	预收冲应收	预收账款 应收账款	10 000	10 000	应收系统
5	20	坏账准备	管理费用-坏账准备 坏账准备	8 944.41	8 944.41	应收系统
6	25	坏账损失	坏账准备 应收账款	30 000	30 000	应收系统
7	20	坏账收回	工商银行 应收账款 应收账款 坏账准备	30 000 30 000	 30 000 30 000	应收系统

第 11 章
期末管理

11.1 背景知识

11.1.1 期末管理概述

当本期所有日常业务录入完毕后,系统中的各个部分都将进行期末的处理工作,其中包括存货核算、应收款、应付款、总账等模块。

期末处理的流程是:存货核算模块→应收和应付模块→总账模块。

11.1.2 存货核算模块的期末处理工作

存货核算系统的月末处理工作包括期末关账、期末结账、反结账处理等业务。

期末结账截止本期核算单据的处理,计算本期的存货余额,并将其转入下一期,同时系统当前期间下置。

11.1.3 应收、应付模块的期末处理工作

应收、应付系统的期末处理工作包括期末调汇、结账、反结账、期末总账对账、期末科目对账。

期末调汇对于有外币业务的企业,在会计期末如有公司汇率的变化,通常要进行期末调汇的业务处理。目前系统提供两种方法:在总账系统进行期末调汇操作、在应付系统进行期末调汇。

期末总额对账是选择应收款管理系统的余额与总账系统指定科目的合计进行对账。

期末科目对账指定会计科目在应收款管理系统和总账系统的数据进行对账。

11.1.4 总账期末处理工作

总账系统期末工作包括期末调汇、结转损益、自动转账和期末结账等内容。

1. 期末调汇

期末调汇是企业有外业务,将外币账户的期末余额以期末汇率进行折算,折算金额与账面金额之间的差额,形成汇兑损益。

2. 自动转账

为了总结某一会计期间(如月度和年度)的经营活动情况,必须定期进行结账。结账之前,按企业财务管理和成本核算的要求,必须进行制造费用、产品生产成本的结转,以及

期末调汇及损益结转等工作。

自动转账包括编辑公式、自动转账方案设置、生成凭证 3 个步骤。

3. 结转损益

期末时,应将各损益类科目的余额转入"本年利润"科目,以反映企业在一个会计期间内实现的利润或亏损总额。

11.2 实验十五 期末管理

11.2.1 实验目的

①了解各模块期末的主要工作流程。
②掌握期末结账的操作方法。

11.2.2 实验准备

①恢复实验十四结束后的账套。
②调整系统时间为月末。

11.2.3 实验内容及步骤

1. 供应链模块期末处理

(1) 存货跌价准备管理
1) 存货跌价准备凭证模板。
步骤:单击"供应链"→"存货核算"→"凭证管理"→"凭证模板"→"实际成本法"→"存货跌价准备管理",按图 11-1 进行编辑,并保存。

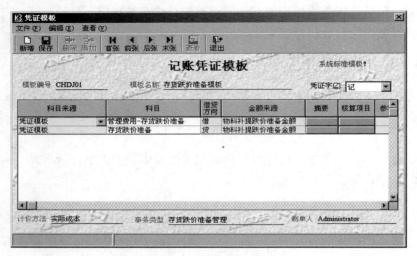

图 11-1 存货跌价准备模板

2）存货跌价维护。

业务：绿叶组装电脑预计市场价为 3 000 元，做计提存货跌价准备处理。

步骤：单击"供应链"→"存货核算"→"存货跌价准备管理"→"存货跌价维护"，修改单位可变现净值，如图 11-2 所示。

物料类别代码	物料类别名称	物料代码	物料名称	规格型号	计量单位	库存数量	库存金额	库存平均价	跌价比例(%)	单位可变现净值	可变现净值	应提跌价准备	已提跌价准备	本期计提准备
*	*	01.02	绿叶组装电脑		台	100	350000.00	3500.00	14.29	3000.00	300000.00	50000.00	0.00	50000.00
*	*		合计			100	350000.00		14.29		300000.00	50000.00	0.00	50000.00

图 11-2 存货跌价准备

3）生成存货跌价准备凭证。

步骤：单击"供应链"→"存货核算"→"凭证管理"→"生成凭证"→"存货跌价准备管理"。

4）凭证审核、过账。

（2）供应链期末结账

1）关账：关账后，当前期间并不改变，但不允许录入当前期的出入库单据、计划价调价单和金额调整单。

步骤：单击"供应链"→"存货核算"→"期末处理"→"期末关账"→"关账"，如图 11-3 所示。

图 11-3 存货核算期末关账、对账

2）对账：将总账与物流的账进行核对，并记录对账结果。

步骤：单击"供应链"→"存货核算"→"期末处理"→"期末关账"→"对账"。

3）结账：供应链部分结账。

步骤：单击"供应链"→"存货核算"→"期末处理"→"期末结账"。

4）查看当前会计期间。

步骤：单击"系统设置"→"系统设置"→"存货核算"→"核算参数查询"。

2. 应收应付系统期末处理

（1）应收系统结账

1）对账。

步骤：单击"财务会计"→"应收款管理"→"期末处理"→"期末科目对账"，如图 11-4 所示。

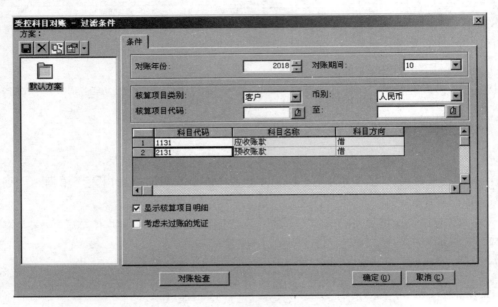

图 11-4 应收账款期末对账

2）记录对账结果。

3）结账。

步骤：单击"财务会计"→"应收款管理"→"期末处理"→"结账"，如图 11-5 所示。

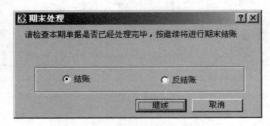

图 11-5 应收系统期末结账

4）查看当前会计期间。

步骤：单击"系统设置"→"系统设置"→"应收款管理"→"系统参数"→"基本信息"。

(2) 应付系统结账

1) 对账。

步骤：单击"财务会计"→"应付款管理"→"期末处理"→"期末科目对账"，如图 11-6 所示。

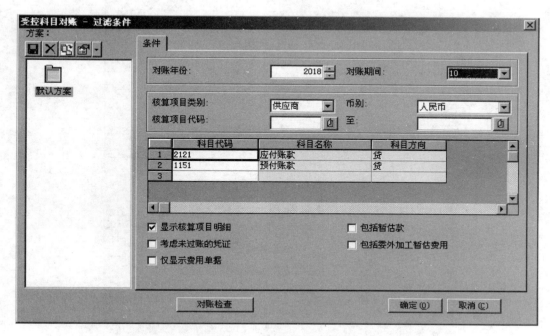

图 11-6　应付账款期末对账

2) 记录对账结果。

3) 结账。

步骤：单击"财务会计"→"应付款管理"→"期末处理"→"结账"。

4) 查看当前会计期间。

步骤：单击"系统设置"→"系统设置"→"应收款管理"→"系统参数"→"基本信息"。

3. 总账系统期末处理

(1) 期末调汇

业务：将美元和港币的汇率调为 6.800 和 0.900，并产生相应凭证。

步骤 1：单击"系统设置"→"基础资料"→"公共资料"→"汇率体系"→"新增"，如图 11-7 所示。

步骤 2：单击"财务会计"→"总账"→"结账"→"期末调汇"，如图 11-8 和图 11-9 所示。

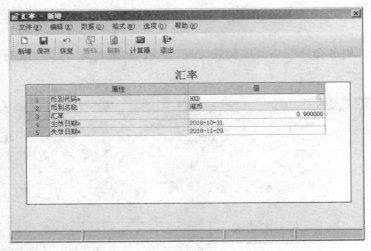

图 11-7　新增汇率

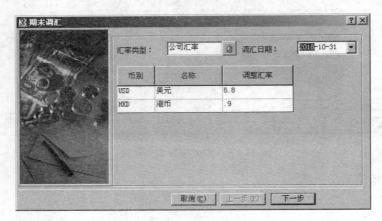

图 11-8　调汇汇率设置

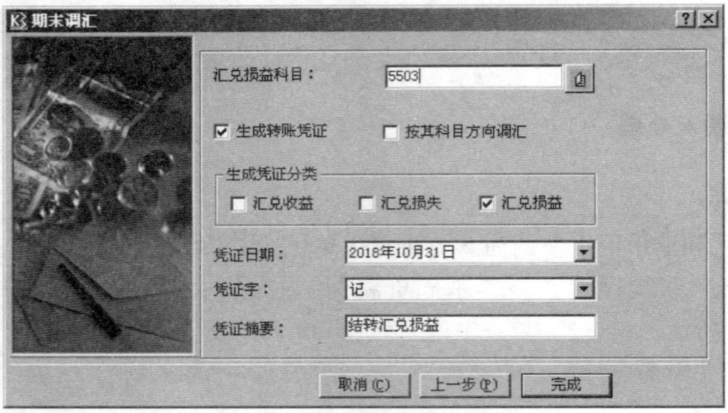

图 11-9　期末调汇参数设置

注：汇兑损益类科目：5503 财务费用。

步骤3：凭证审核、过账。

(2) 自动转账

业务：2018-10-25从工商银行支付3 000元设备维修费，作为制造费用记账，月末将制造费用转为基本生产成本。

1) 录入凭证。

借：制造费用　3 000

　　贷：银行存款——工商银行　3 000

步骤：单击"财务会计"→"总账"→"凭证处理"→"凭证录入"。

2) 凭证审核，过账。

3) 转账凭证设置。

步骤：单击"财务会计"→"总账"→"结账"→"自动转账"→"编辑"→"新增"，如图11-10进行编辑，并保存。

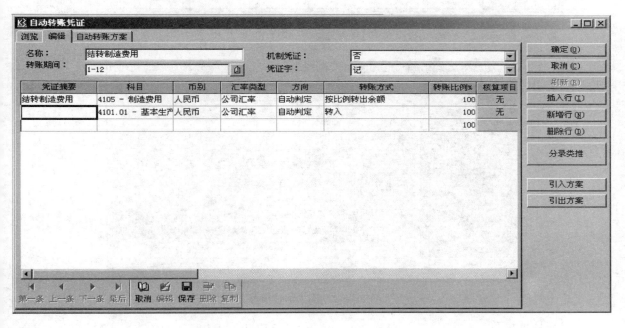

图11-10　设置自定义转账凭证

4) 产生凭证。

步骤：单击"财务会计"→"总账"→"结账"→"自动转账"→"浏览"，选择相应的方案，单击"生成凭证"，如图11-11所示。

5) 凭证审核、过账。

(3) 结转损益

1) 结转损益。

步骤：单击"财务会计"→"总账"→"结账"→"结转损益"，如图11-12所示。

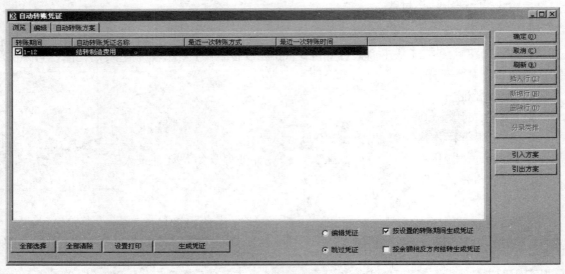

图 11-11　自定义转账生成凭证

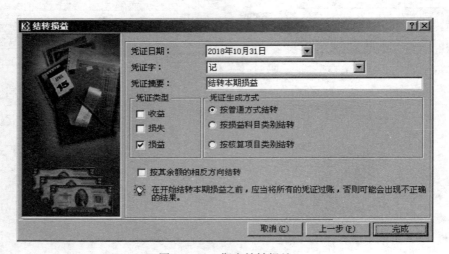

图 11-12　期末结转损益

2）凭证审核、过账。

（4）期末结账

1）查看试算平衡表。

步骤：单击"财务会计"→"总账"→"结账"→"期末结账"，如图 11-13 所示。

注：总账应在其他模块结账后进行。

2）查看会计期间。

步骤：单击"系统设置"→"系统设置"→"总账"→"系统参数"→"会计期间"。

3）试算平衡表。

步骤：单击"财务会计"→"总账"→"财务报表"→"试算平衡表"。

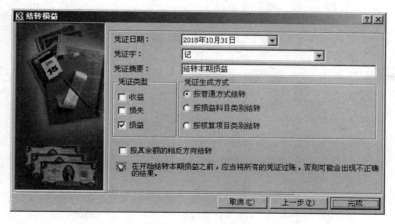

图 11-13 期末结账

11.2.4 实验总结

11.2.5 参考答案

业务处理生成凭证一览见表 11-1。

表 11-1 业务处理生成凭证一览

编号	日期	摘要	会计科目	借方金额	贷方金额	来源
1	31	存货跌价准备	管理费用——存货跌价 准备 存货跌价准备	50 000	50 000	仓存管理
2	31	结转汇兑损益	建设银行 中国银行 财务费用	188	3 185	总账系统
3	31	支付设备维护费	制造费用 工商银行	3 000	3 000	总账系统
4	31	结转制造费用	基本生产成本 制造费用	3 000	3 000	总账系统
5	21	结转本期损益	主营业务收入 其他业务收入 本年利润 本年利润 主营业务成本 其他业务支出 营业费用 管理费用——存货跌价准备 管理费用——坏账准备 财务费用	2 180 752.14 600 2 085 676.41	 2 181 352.14 2 026 000 1 000 -83 50 000 8 944.41 -185	总账系统

第五篇 综合篇

第 12 章 综合应用实训

12.1 实验十六 综合实训一

12.1.1 实验目的

①进一步熟练金蝶 K/3 ERP 软件的操作。
②进一步掌握企业管理过程。

12.1.2 实验准备

①恢复实验十五结束后的账套。
②调整系统时间为 2018 年 11 月初。

12.1.3 实验内容及步骤

1）查询库存信息,并显示成品库、半成品库及原材料库的信息。
2）查询各科目的余额信息。
3）完成下面案例的操作。

2018-11-8 采购部李勇从工商银行向宁波泰信汇款 5 000 元作为预付款订购光驱 500 个,单价为 150 元（不含税）；主板 100 个,单价 500 元（不含税）；镀锌钢板 1 000 千克,单价 2 元（不含税）。2018-11-10 货到,采购部通知原料仓库入库,仓存管理员何佳验收入原料库。2018-11-20 收到宁波泰信开出的增值税发票,同时还有代垫的 500 元（含税）的运费发票。2018-11-22 从工商银行向宁波泰信付款 100 000 元。完成以上案例的所有操作并完成记账过程,费用分配方式为按数量分配。

①写出各业务流程的操作步骤。
②写出本次采购的光驱、主板和镀锌钢板的成本价。
③以上案例产生哪几张会计凭证？
④列出成品库、半成品库、原材料库的库存信息。
⑤列出各科目的余额信息。

12.2 实验十七 综合实训二

12.2.1 实验目的

①进一步熟练金蝶 K/3 ERP 软件的操作。
②进一步掌握企业管理过程。

12.2.2 实验准备

①恢复实验十五结束后的账套。
②调整系统时间为 2018 年 11 月初。

12.2.3 实验内容及步骤

1）查询库存信息，并显示成品库、半成品库及原材料库的信息。
2）查询各科目的余额信息。
3）完成下面案例的操作。

2018 - 11 - 5 采购部李勇从原料仓库领料镀锌钢板 100 千克，发送到苏州电器厂加工框架外壳。2018 - 11 - 15 苏州电器厂将加工好的框架外壳 40 个送回仓库，并开来加工发票，加工单价 60 元（不含税），运费 400 元（含税），并通过工商银行付款。完成以上案例的所有操作并完成记账过程。

①写出各业务流程的操作步骤。
②写出本次加工的框架外壳的成本价。
③以上案例产生哪几张会计凭证？
④列出成品库、半成品库、原材料库的库存信息。
⑤列出各科目的余额信息。

12.3 实验十八 综合实训三

12.3.1 实验目的

①进一步熟练金蝶 K/3 ERP 软件的操作。
②进一步掌握企业管理过程。

12.3.2 实验准备

①恢复实验十五结束后的账套。
②调整系统时间为 2018 年 11 月初。

12.3.3 实验内容及步骤

1）查询库存信息，并显示成品库、半成品库及原材料库的信息。

2）查询各科目的余额信息。

3）完成下面案例的操作。

2018-11-10 西安先锋公司订购绿色牌电脑 200 台，交货时间为 2018-11-30。2018-11-30 向西安先锋公司销售出库，并开具增值税销售发票，单价为 6 500 元（不含税）（要求主机、电脑的生产为工序跟踪订单生产方式）。完成以上案例的所有操作。

①写出各业务流程的操作步骤。

②列出 MPS，MRP 计划。

③列出销售后的成品库、半成品库、原材料库的库存信息。

12.4 实验十九 综合实训四

12.4.1 实验目的

①进一步熟练金蝶 K/3 ERP 软件的操作。

②进一步掌握企业管理过程。

12.4.2 实验准备

①恢复实验十五结束后的账套。

②调整系统时间为 2018 年 11 月初。

12.4.3 实验内容及步骤

1）查询库存信息，并显示成品库、半成品库及原材料库的信息。

2）查询各科目的余额信息。

3）完成下面案例的操作。

装配车间于 2018-11-1 将做好的绿色牌电脑 50 台送成品库入库，财务部核算该批电脑的成本为 4 000 元。2018-11-6 陕西家电公司向销售部销售人员王兵订购绿色牌电脑 50 台，销售价 6 000 元（不含税）。2018-11-8 向陕西家电公司发绿色牌电脑 50 台，并开具销售发票（增值税发票）和应收运费发票 200 元（含税）。2018-11-18，陕西家电公司通过工商银行付清货款。2018-11-20 陕西家电公司发现其中 5 台电脑有问题，要求退货，销售部通知仓库退货。2018-11-21 仓库管理员何佳将退回的货物入成品库。2018-11-25 销售部开具红字销售发票（增值税发票）。2018-11-28 财务部通过工商银行向陕西家电公司退款。完成以上案例的所有操作并完成记账过程，要求写出操作步骤。

（1）写出各业务流程的操作步骤。

（2）以上案例产生哪几张会计凭证？

（3）列出成品库、半成品库、原材料库的库存信息。

（4）列出各科目的余额信息。

12.5　实验二十　综合实训五

12.5.1　实验目的
①进一步熟练金蝶 K/3 ERP 软件的操作。
②进一步掌握企业管理过程。

12.5.2　实验准备
①恢复实验十五结束后的账套。
②调整系统时间为 2018 年 11 月初。

12.5.3　实验内容及步骤
1）查询库存信息，并显示成品库、半成品库及原材料库的信息。
2）查询各科目的余额信息。
3）完成下面案例的操作。

2018-11-8 采购部李勇从工商银行向苏州电器厂电汇 1 万元作为订购 500 个主板的定金，单价 1 200 元（不含税）。2018-11-10 收到苏州电器厂主板 500 个，通知仓库管理员何佳验收入库。2018-11-20 收到苏州电器厂开出的主板 500 个，单价 1 200 元（不含税）的增值税发票和代垫的运费发票 500 元（含税），并通过工商银行付清余款。2018-11-25 发现向苏州电器厂购买的主板中，10 个有质量问题，决定退货并通知仓库当天退货。2018-11-30 收到苏州电器厂开具的红字增值税发票和工商银行支票各一张。

①写出各业务流程的操作步骤。
②以上案例产生哪几张会计凭证？
③列出成品库、半成品库、原材料库的库存信息。
④列出各科目的余额信息。